Dear

From

Date . .

Gift for you.

本当は
「ごめん」って
言いたかった

内田裕士

すばる舎

あなたには言えなかった
「ごめんなさい」がありますか？

「明日からあの子、無視だからね」

次の日、その子に「おはよう」って言われたのを無視した。

自分もイジメの対象になることが怖かったから。

心の中で何度も「ごめん」「ごめん」ってあやまった。

それからその子は、あまり学校にも来なくなり、

やがて転校してしまった。

あの子なら次の学校でうまくやってるはず。
何度も自分にそう言い聞かせた。
祈るような思いで言い聞かせた。
大人になった今も、心の中で何度も言っています。
あの日、無視したこと、本当にごめんなさい。

高校2年生のある朝、母と口論になった。

「うるせーんだよ！」

僕は、お弁当のおにぎりを床に投げつけてしまった。

ラップが破れてバラバラに散らばったおにぎり。

「やってしまった」という思いと気まずさで、

僕は逃げるように家を出た。

自分が親になった今、あの日、母が握ったおにぎりを
自分で掃除したんだと思うと、胸が締め付けられる思いに
なります。

母さん、本当にごめんなさい。

母さんの握ったおにぎりが、また食べたいです。

今日の朝、仕事の出がけに、ほんのささいなことで
パートナーと言い合いになった。

どうしてもあやまれない、いや、あやまる気にならない私に
パートナーはこう言って家を出て行った。

「こういうとき、いつも俺があやまってばかりだね。
んじゃ行ってくる」

彼の言う通りです。

こんなとき、先にあやまるのは決まって彼の方。

私は悪くない。

あやまったら負け。

とりあえずあやまれば済むと思ってるでしょ。

頭の中でそんなふうに我を張って、彼を責めてばっかり。

いつもごめんね。

本当はたくさん感謝してるし、「ごめん」って言いたいんだよ。

こんな私を受け入れてくれてありがとう。

どうしたら素直にあやまれるのかな？

はじめに

あやまることが苦手な人へ

例えば誰かと揉めてしまったときに、相手があやまってこない。

自分も悪くないと思っているし、納得がいかないのであやまりたくない。

そのせいで人間関係がギクシャクし、なんとなくすっきりしない毎日を過ごしていませんか?

この本は、この質問にすぐさま「イエス」と答えてしまう人に向けて書きました。

いつの間にか「人間関係」というキーワードが、人の悩みの大半を占めるようになりました。

職場を辞める理由、不登校の原因、離婚の原因も、人間関係が一番の要因として挙げられています。

誰もが人間関係をより良くしたいと思っています。

にもかかわらず、なぜ、多くの人がそれを実現できていないのでしょうか？
なぜ人とすれ違ったり、揉め事を起こしたり、イヤな思いをさせられてしまうのでしょうか？

そんなあなたの人間関係が良くなり、後悔が無くなり、さらにはあなたの自己肯定感まで上がる鍵。

それは「ごめん」の一言です。

「え？　あやまったらますます自分の立場が悪くなって、人間関係なんて良くなるわけないでしょ」
逆です。
多くの人が気づいていませんが、実は「あやまる」ということがあなたの自己肯定感を最短で高め、あなたの人間関係を一番良くしてくれるのです。

はじめまして、内田裕士といいます。

私は26歳でメイク教室を始めてから20年近く、これまで多くの生徒や、同じ講師業の方たちの相談に乗ってきました。

なかなか人生がうまくいかないと相談に来る方のお話を聞いていく中で、多くの人がこう口にします。


「どう考えても相手が悪いのに、相手があやまってこない」

「先にあやまったら負けた気がする」


このように、なかなかあやまれない人が多いことに驚きます。

特に両親、兄弟、姉妹、夫、妻、子どもといった家族や、上司や部下、同僚といった職場の人。

こうした近い存在ほど、素直にあやまれないケースが多いのですが、それはなぜでしょうか？

それは多くの人が「ごめんなさい」の意味をまちがって認識しているからなのです。

ときどきネットの調査などで、ふと目にすることがある「人生で後悔していることはなんですか?」という類のアンケートでは、「大切な人にあやまれなかったこと」という項目が必ず上位にランクインしています。

結婚式でも必ずと言っていいほど、花嫁さんはスピーチでお父さんやお母さんにあやまっています。

これは、本当はあやまることが大事だとわかっていても、日常の中では素直にあやまれない人が多い、特に大切な人であればあるほどあやまることが難しい、ということを証明しています。

あやまる、そのごくごくシンプルなことが、なぜか難しいものになり、できれば避けたいものになっているのです。

人はあやまれないときほど、自分の中でモヤモヤが生まれ、人間関係にストレスを抱え、さらには自信を無くし、自己肯定感をすり減らし、ため息の数とともに人生を憂鬱なものにしていきます。
そんなループから抜け出していただくために。

この本は、みっつの目的を持って書きました。
まずひとつめ。それは
どうしてお互いが「自分は悪くない」と思ってしまうのか、をあなたに理解してもらう
ということ。

ふたつめ。それは
あなたに、人生が好転するあやまり方、コミュニケーションスキルをお渡しする
ということ。

そしてみっつめ。それは

あなたの中での「ごめん」に対する本質的な意味を、ネガティブなものではなく、人生をいい方向に導くためのポジティブなものに変える

ということです。

あなたを取り巻く、ありとあらゆる人間関係が劇的に改善する「ごめんなさい」。

この魔法の言葉を、たくさんのエピソードを交えながら、あなたがストレスなく、効果的に、今日からでもすぐに実践できるようにお伝えします。

当然、人間関係は今までより格段にスムーズになり、余計なストレスも減り、後悔しない人生を歩んでいけるようになります。

この本を読み終えたとき、あなたの中での「ごめんなさい」のイメージが一新され、どうあやまればいいかが分かり、あやまることに対するストレスがグッと減ることをお約束します。

あやまれなかったことで後悔したことがある、そんなあなたへ。

「ごめんなさい」という気持ちや言葉が、あなたの自信を奪うのではなく、ここからの人生においてパワーになることを願って。

そしてあなたが後悔の無い人生を生きられることを願って。

そんなに覚悟が必要なことではありませんし、構える必要はありません。

肩の力を抜いて楽な気持ちで読み始めてください。

準備はいいでしょうか?

では、ここからあなたの中での「ごめんなさい」の価値観がひっくり返る素敵な時間を過ごしていきましょう。

はじめに……12

第1章

そもそも人はなぜあやまれないのか？

1　多くの人が「言えなかったごめんなさい」を持っている……30
誰もが違和感を感じながら生きている
気づかないがゆえに失くしてしまったいちばん大切なもの

2　そもそも「ごめん」は、負けることではない……36
「あやまったら負け」は本当なのか？
「ごめんなさい」を負けることだと思っていませんか？
うまくいっている人は「ごめんなさい」をこう考えている

3　あやまればあやまるほど自己肯定感は高くなる……41
あやまれるということはすごいことである
あやまることができる自分をもっと認めてあげよう
あやまることで好循環が生まれる

4
人があやまることにネガティブになる本当の理由……45
生まれて初めての「ごめんなさい」は何ですか？
あやまることで気持ちのいい経験をしたことはありますか？

5
「私は悪くない」と思ったとき、自分にこう声をかけてみる……49
もし私がこの人の立場だったら？
どんな人もそれぞれの事情を持っている

6
なぜ人とすれ違ってしまうのか……53
人とのすれ違いを生む原因になるもの
人にはそれぞれの価値観がある

7
過去の後悔を、未来の思いやりに変える……56
あやまれないまま逝った友
過去の後悔をこれからの優しさに変える

8
「ごめん」を言えないだけで失ってしまうこと……59
あやまらないことのデメリットを知る
①人が離れていく／②チャンスが舞い込まなくなる／③人相が悪くなる／④思ったことが言えなくなる／⑤いつまでも心の平安が訪れない

第2章 あやまるチカラ

9
「ごめん」を言えることで得られること……64
あやまることで、これが手に入る
①人から好かれる／②人が心を開いてくれる／③人から信頼される／④心がスッキリする／⑤腹が立たなくなる／⑥人が力を貸してくれるようになる

10
すべての人にあやまる必要などない……74
あやまるのは、「今あなたが大切な人」だけに限定する
臨終間近にあやまったときに返ってきたまさかの言葉
人間関係は寄り添うことが大切

11
いい人間関係をつくるために覚えておくべき大切な3つのこと……80
その行動の背景を考える
人には話を聞けるタイミングというものがある
いつまでもクヨクヨしない

12
無理に解決しようとするのではなく、まずは相手の気持ちに寄り添う……87
実は相手は問題を解決したいと思っていない
いきなり対応策を示そうとしない

13
コミュニケーション上手な人はこう伝える……92
よくあるパートナーシップのすれ違い
あやまることで相手の力を自分のものにする

14
なぜ仕事ができる人ほど謝罪がうまいのか？……97
ビジネス力はあやまり方で決まる

15
先謝の法則……100
内容次第であやまるかどうかを決めない
頑固な後輩に自分からあやまることで起こった変化

第3章

あやまる技術

16 「ごめん」の超基本動作10のステップ……106

まずはこれで誰でもあやまれる！

①今やっていることをすべて止めて、持っているものを下に置く／②体の正面を相手に向ける／③相手の目を見て、しっかりと止まる／④目を見たまま「ごめんなさい」と一言／⑤言った後、深く一礼して一番深いところで静止／⑥一番深いところで2秒ほど静止した後、ゆっくりと頭を上げる／⑦頭は元の位置まで戻さず、少し下げたまま、お詫びの気持ちを持ち続ける／⑧その状態を維持し、何もしない／⑨どんな返事でも言い訳や反論をせず、ただ受け取る／⑩最後は「ありがとう」で終える

17 あやまるべき時にやってはいけないこと……115

自覚無くやってるかも？ 嫌われるあやまり方

①そもそもあやまらない／②言い訳／③ダラダラ話す／④「自分は悪くない」アピール／⑤「ごめん」の後に相手への反撃を始める／⑥あやまった後、誰かに愚痴る

18 誰もいない場所で、1人であやまってみる……121

効果抜群！ 誰も座っていないイスに話しかけるワーク

渡さない手紙を書いてみる

19 相手のペースに乗らないように気をつける……126
「あやまればいいと思ってるでしょ?」と言われたら
ムキになる自分をコントロールしよう
口に出す言葉、すべてが本心とは限らない

20 はい、10分解散!……134
人はささいなことで取り返しのつかないミスをおかす
これ以上、火に油を注がないためには?

21 部下や後輩など目下の人にあやまる時のコツ……138
自分のミスをすり替えていませんか?
子どもにもあやまることができていますか?

22 上司や先輩など目上の人にあやまる時のコツ……144
器用に立ち回ろうとする部下は嫌われる
先輩に「あなたのおかげで」という姿を見せる

23 SNSやLINEであやまるときのコツ……148
便利すぎてトラブルを増やしているSNS
文字で気持ちを伝えるのはとても難しいと覚えておく
SNSはリアルであやまった後に使おう

第4章

どんどん人生が良くなる「ごめんなさい」

24 親も完璧な人間じゃない……156
2歳半の娘に手を上げてしまったシングルマザー
親も意地を張るし、間違える

25 「ごめん」が言えない甘えた間柄だからこそ……162
親子には、○○があるから余計にあやまれない
親しき仲「ほど」礼儀が必要
いつか「ごめん」と言おう

26 私を救ってくれた父の「ごめん」……167
もらってうれしかった「ごめん」はありますか？
事業に失敗した父、営業の仕事を始めた母
ヒロシ、ごめんな
みんな未熟で、みんないい

27 あやまった先に広がる世界……176
感謝するより大切なこと
「ごめん」がくれる本当の幸せ

28 あなたが一番大切にすべき人は誰ですか？……180
誰もが見落としてしまう最もあやまるべき人
自分に「ごめん」が言えたとき、一瞬で人生が変わる

おわりに……185

プロデュース　永松茂久
装丁　tobufune（小口翔平+須貝美咲）
本文デザイン　鈴木大輔・江﨑輝海（ソウルデザイン）
DTP　有限会社クリィーク

第1章

そもそも人はなぜ
あやまれないのか？

1

多くの人が「言えなかったごめんなさい」を持っている

誰もが違和感を感じながら生きている

私たちは、冒頭で読んでいただいた人たちのように、小さな後悔を積み重ねながら大人になってきたのではないでしょうか？

「幸せになりたい」と誰もが願い、そこに向かって毎日を生きている。

もちろん幸せを感じる時間もあるけど、そう思えない現実に直面することもある。

ときどき心ないことを言ってくる人がいたり、価値観が合わない人もいる。

幸せとモヤモヤが交差する。

そんな毎日の中で、「いったいどうしたらいいの？」と内側で問い続けながら、毎日を生きている。

それはきっとあなただけじゃない。
もしかしたら、あの人も。

こうした誰もが少なからず抱えているであろう、このモヤモヤした疑問は、いたるところで誰もが抱えているものなのではないでしょうか?

気づかないがゆえに失くしてしまったいちばん大切なもの

まずはじめに、この本の取材に協力してくれたとある女性の「本当は言いたかったごめんなさい」のメッセージをお伝えさせていただきたいと思います。

私は誰もが認めるおばあちゃん子でした。
週に1度は会いに行き、日々のできごとを報告していました。
19歳のとき、私は両親との関係がうまくいかず、一人暮らしをすることになりました。

そのときもおばあちゃんは「いつでもあなたの味方だからね」と言って、一人暮らしの準備を手伝ってくれました。

一人暮らしを始めて数カ月が経った頃、突然おばあちゃんが私の家を訪ねてきました。

それは早朝のバイトから帰宅した、午前10時頃のことでした。

バイトを掛け持ちし、体力的にも精神的にもいっぱいいっぱいだった私は、玄関のチャイムの音を無視することにしました。

ベッドに横になって、眠りに入ろうとする私の思いとは裏腹に、チャイムは鳴り続け、ついにはおばあちゃんが私の名前を呼び始めました。

「あーめんどくさい」

近所迷惑になると思った私は、鍵をかけたまま、おばあちゃんに「今日は帰ってほしい」ということを伝えました。

でもおばあちゃんは引き下がりません。

心に余裕のなかった私は、

「うるさい！　迷惑だから帰って！　おばあちゃんなんて大嫌い！」

と、思ってもないことをたくさん口にしていました。

後々知ったことなのですが、その日おばあちゃんが家に来た理由は、私の初めての一人暮らしを心配し、ご飯を作ってきてくれたのだそうです。

その理由すら知らなかったことに加え、そのときの私は、おばあちゃんの愛を受け入れるだけの心の余裕がありませんでした。

そこから数日が経ち「おばあちゃんに悪いことしたな」という気持ちが芽生えはしましたが、私はかたくなにあやまることをしませんでした。

どこかで「そうは言っても私は悪くない」という思いがあったからです。

そんなある日、おばあちゃんの体調が悪くなり、入院をしたという連絡が入りました。

父親が「一緒に来なさい」と言うので、私は「何か言われたらイヤだな」という思いを持ちながら、半ば嫌々おばあちゃんに会いに行きました。

私の思いとは裏腹に、おばあちゃんはあのときのことは何も言わず、優しい笑顔で、いつものようにうれしそうに私の話を聞いてくれました。

そんなおばあちゃんの優しさに甘えて、そのときもあやまらずに、私は病院を後にしました。

そしてそれが、私がおばあちゃんと言葉を交わす最後の日となりました。


あんなに優しかったおばあちゃん。

大好きだったおばあちゃん。

それなのに、最後に私が意地を張ったことで、どこか距離ができたまま最後を迎えてしまったこと、本当に後悔しています。


ごめんなさい、おばあちゃん。

おばあちゃんの私の名前を呼ぶ声が、大好きでした。

彼女が一番欲しかったもの、気づけていたらすぐに手に入ったもの。
それは、ただただ、おばあちゃんとの温かく柔らかな時間だったのです。

2 そもそも「ごめん」は、負けることではない

「あやまったら負け」は本当なのか？

近年、ネットやテレビでは、誰かの不祥事や失言に対して「あの人が悪い」「あんなこと言っちゃダメだ」とその人やその発言への批判が飛び交うことが日常茶飯事になりました。

明確な根拠はありませんが、私の主観では、その風潮が原因で多くの人たちが、人や何かに対して良い悪い、合っている間違っている、を常に判断するようになってしまっていると感じています。

しかも、ネットの発達で、誰もが自由にコメントができるようになったことにより、その批判を堂々と言えるようになってしまいました。

「お前が悪い」「あいつが悪い」「こんなときはこうすべきだろ」会社でもプロ

ジェクトがうまく進まないときなどに、

「これ提案したの○○さんだよな。率先して動いてくれないと困るよ」

と責任を押し付けられてしまう。

　ママ友同士でも
「○○さんって服装派手すぎじゃない？」

「□□ちゃんがうちの子のおもちゃ壊したのにあやまってこないんだけど」

と批判がたくさん飛び交う。

　待ち合わせに遅れた人があやまらないと「どうしてあやまらないの？」「反省してるの？」と心が荒立ち、その人との時間が気分の悪いものになってしまう。


相手にあやまらせることで、非を認めさせようとする言動が増えたことで、なおいっそう「あやまったら負け思想」が強化されてしまっています。

そしてそれが、「相手にはあやまらせたいけど、自分はあやまりたくない」という矛盾を生み、さらに人をあやまれなくさせるという悪循環を生んでいるのです。

「ごめんなさい」を負けることだと思っていませんか？

お互いがあやまりたくない、そんな社会において「ごめん」の概念を一新して、あなたの強力なパートナーにする方法をお伝えします。

いまよりも人間関係がうまくいく方法、それは「ごめんなさい」の使い道を増やす、ただそれだけです。

実は、素直にあやまれない人のほとんどが「ごめん」という言葉を「自分が悪かったことを認める行為」だと思っています。

それが原因となって、「あやまったら負けた気がする」「絶対相手が悪いんだからあやまりたくない」といった思いが湧くのです。

また、あやまってばかりで自分に自信がないとか、自己嫌悪に陥っている人も、あやまるということに対して同じく否定的な考え方を持っています。

ですからあやまるたびに「また私があやまっちゃった」「どうせ私が悪いのよ」

というような思いが湧き、自信がなくなってしまうのです。

うまくいっている人は「ごめんなさい」をこう考えている

一方でうまくいっている人は「ごめんなさい」をまず「**相手にイヤな思いをさせたことをお詫びする行為**」として使っています。

ですから、どっちが良いか悪いか、合っているか間違っているか、は後回しになります。つまり負けだと思っていないのです。

もちろん実際に自分が悪いと思ったときも、素直に「ごめん」と非を認めてあやまるのですが、それ以前に相手がイヤな思いをしていると感じたら、そこに対してまずお詫びをします。

つまり、うまくいく人は「あやまったら負け」とは思っていません。

だからこそ自分は悪くないと思ったまま、「ごめん」を潤滑油のように使い、あやまることができるのです。

人と衝突したり、すれちがったり、揉めること自体は、それぞれがそれぞれの価値観を持っている以上、自然なことです。

大切なのはそのトラブルをどれだけ早く解消し、お互いスッキリするかということ。

まずは「ごめん」を「相手を怒らせたり悲しませたりしたことをお詫びする行為」として使うことから始めてみてください。

それだけで「あやまったら負け思想」から抜け出すことができるようになり、驚くほど人間関係が好転していきます。

3 あやまればあやまるほど自己肯定感は高くなる

あやまれるということはすごいことである

親子、友人など、身近な人間関係において、どっちが良いか悪いかの判断が難しいとき、相手が一歩も引かないときなど、どうしてもギクシャクしてしまいがちになります。

そんなとき、ちゃんとあやまり、後に引きずらない人もいます。

一方、あやまってばかりで、あやまればあやまるほど「自分が悪い」「自分はダメだ」と思い込んでしまう人もいます。

そんな方はここで一度考えてみましょう。

そもそも、あなたはなぜあやまっているのですか?

もちろん自分が間違っている、自分が悪いと感じたこともあるでしょう。
しかし、あやまる理由は、それだけではないはず。
そう。その場をおさめようとしていたからではないでしょうか?
相手をこれ以上怒らせたくない、悲しませたくない……。
それがどれだけ相手を思いやる行為か、気づいてほしいのです。

あやまれるということはつまり、それだけ相手の立場や気持ちを考える力をあなた自身が持っている、ということなのです。

あやまることができる自分をもっと認めてあげよう

この本では、「あやまる」ということを
「自分を否定することではなく、相手を怒らせたり悲しませたことをお詫びする行為である」
と、お伝えしています。
そう考えることができるようになったとき、「自分が悪い」「自分はダメだ」

という思いは、以前より湧かなくなってきます。

もうあやまる自分を否定する必要はありません。

あなたはあやまった数だけ相手を思いやることができたのです。

そんな自分を思いきり認めてあげてください。

あやまることで好循環が生まれる

ここが理解できると、これから先、あなたがなんらかのトラブルに巻き込まれたとき、ますます先にあやまりたくなります。

そして先にあやまればあやまるほど、そうできた自分に対して、自己肯定感が上がります。

当然あなたと接している人たちも、あなたに先にあやまってもらえるおかげで、気持ちがスッキリしますし、そんなふうに素直にあやまることができるあなたを羨ましく思います。

つまり、「ごめん」の一言だけで、とんでもない好循環が、あなたを起点に生まれるわけです。

いまこの瞬間は「ふーん」「そんなことある？」あなたはそう思うかもしれません。しかし、この本を読み進めていくうちに、この意味が理解できるようになります。

まずは

「あやまることで自己肯定感は高まる」

この言葉を覚えることから始めてみてください。

4 人があやまることにネガティブになる本当の理由

生まれて初めての「ごめんなさい」は何ですか？


そもそも人はなぜあやまりたくないのでしょうか？

なぜあやまることに対してネガティブな印象をもつのでしょうか？

実は、私たちにとって、そのことにとても大きく影響していると思われるできごとがあります。


それは、幼少期の「ごめんなさい」の体験なのです。


あなたは生まれて初めて「ごめんなさい」を言ったときの記憶はありますか？

どんなものだったか覚えていますか？

きっとほとんどの方が覚えていないと思います。

ということは物心つく前から、私たちはあやまっているということが言えます。

では、覚えている範囲で思い出してみてください。

こんな感じではなかったでしょうか。

「ほら、ごめんなさいは？」

「〇〇ちゃんにちゃんとあやまりなさい」

「こういうときなんて言うんだっけ？　ごめんなさいでしょ！」

つまり、生まれて初めての「ごめんなさい」は、

「みずからあやまった経験」ではなく、「親や年上の人からあやまらされた経験」

なのではないでしょうか？

この「あやまらされた」経験こそが、あなたの中で、あやまることへの悪いイメージや抵抗感を生み出している原因なのです。

あやまることで気持ちのいい経験をしたことはありますか？

そんな苦い経験の影響もあり、人はあやまるということに対して苦手意識を

持つようになっています。

それゆえ、人生で一度でも心底自分に素直な気持ちであやまった経験がある人とない人とでは、あやまることのイメージや精神的な影響はかなり違ってくると言えます。

この本の取材で出会った、ある中学生の女の子が話してくれた、小さいときの経験をお伝えさせていただきます。


私がまだ小さいとき、おばあちゃんが服を作るために使う、大事な定規を割って壊してしまいました。

そのとき勇気を出して「壊してしまってごめんなさい」と言いました。するとおばあちゃんは怒らず「ちゃんとあやまれてえらいね」と褒めてくれました。

その後、一緒に定規を買いに行き、おばあちゃんは「新しいのが買えてよかった」と笑って言ってくれました。私はおばあちゃんの優しさをあらためて感じられて、あやまってよかったなと思いました。

きっとこの子は、小さいときに素直な気持ちであやまり、おばあちゃんに褒めてもらえた経験によって、ますます素直にあやまれるようになったのです。

あやまることに抵抗感がある人は、「あやまれない」のではなく、「あやまったことによるプラスの経験」が少ないだけなのです。

5

「私は悪くない」と思ったとき、自分にこう声をかけてみる

もし私がこの人の立場だったら？

人間関係やコミュニケーションがうまくいかないとき、人が衝突するとき、多くの場合、「私は悪くない」とどちらともが思っています。

ですからそのタイミングで謝罪を求められても、

「むしろあなたにあやまってほしいくらいなのに、なんで私があやまらなきゃいけないの？」

という感情になります。

しかし、だからといって「自分は悪くない」と主張したところで、人間関係はこじれるばかりです。そしてそのモヤモヤはいつかお互いの後悔へとつながっていくことになります。

ここであなたに「あやまらなかったとしても成果が得られる方法」をお伝えします。

それは、

いったん自分と相手の立場を入れ替えて考えてみる

ということです。それもこっそり胸の中だけで。

どんな人もそれぞれの事情を持っている

「もし私がこの人の立場だったら」

「私だったらどう感じるかな？」

「相手がイヤな思いをした理由は何だろう？」

相手に対して意地を張ったままでもいいですし、譲れなくてもいいのです。

もちろん素直になれなくてもいいのです。

いったん、心の中だけで、自分だけのことを考えるのをやめてみてほしいのです。

冒頭で登場したクラスメイトを無視した女の子や、おにぎりを投げた高校生のように、少しの後悔と申し訳なさを、自分の中で感じてみましょう。

明らかに相手が悪いと感じるときでも、「少なくとも相手にイヤな思いをさせている」という気持ちを感じてみましょう。

「相手にとってもイヤなことだったんだろうなぁ」

このくらいでいいのです。

最初は難しいかもしれません。

「ごめんね」と不自然に相手に言葉を投げかけてしまいそうになるかもしれません。

しかし、そんな状態で、その思いを言葉に出すと、余計にこじれてしまいます。

ですから、まずはあくまで心の中だけでいいのです。

人の心ほど難しいものはありません。

どんなできごとであっても、本当の意味で相手の立場を理解することはできません。

こちらの知らない事情が相手にも必ずあります。

ですから、どっちが悪かったかは、本当は決めようがないことがほとんどなのです。

ですから、「もし自分がこの人だったら?」こう考える癖を持てるだけで、未来は全く変わっていきます。

6 なぜ人とすれ違ってしまうのか？

人とのすれ違いを生む原因になるもの

「ほんとむかつく」

「あんな言い方しなくてもいいのに」

「私が何をしたって言うの」

日々の生活の中で、このように誰かに対してイヤな感情を抱くときがあります。

言うことを聞いてくれない家族、意見が対立した職場の人、空気を読まない発言をしてくる人、なぜか不機嫌な店員さん、すれ違うときに肩をぶつけてくる人など、生きていればそういう人と出会うことはしばしばあるでしょう。

しかし、そのイヤな感情が生まれるのには原因があります。

それは価値観の違いです。

相手にとっては特に気にするようなことではなくても、あなたにとってはそれがとてもイヤなことということはあります。

つまり、あなたに対して不利益なことを相手がしてきたとき、初めて相手に対してイヤな感情を抱くのです。

人にはそれぞれの価値観がある

人にはそれぞれの価値観があり、それが人によって違ったものになるので、揉め事が起こったり、誰かが誰かを嫌いになったり、すれ違ったりせざるを得ないのです。

あなたを苦しめるために生まれた人や、あなたを傷つけるために生きている人は1人もいません。

誰もが人と仲良くしたいし、人を好きになりたいのです。

人と良好な人間関係を築くことは、難しいことではありません。

人にはそれぞれの価値観がある。

この大前提をしっかりと理解していただいた上で、人と向き合っていきましょう。

7

過去の後悔を、未来の思いやりに変える

あやまれないまま逝った友

あるとき、私の女性の友人であるAさんがこんな経験を話してくれました。

そのAさんには「あなたたなら絶対いける！　大丈夫」と応援してくれる友人のBさんがいました。

しかし、そのBさんが、Aさんとの共通の知り合いと揉めてしまい、間に挟まれたAさんは、自分がどうしたらいいのかがわからなくなってしまいました。

そこから数カ月が経ち、彼女はやっと勇気を出して、Bさんに連絡をしました。しかしBさんから「もう遅い」と言われ、SNSの友だちも解除されてしまいました。

彼女はBさんのおかげで、ある資格を受ける決意をしていた経緯がありまし

た。合格したら「あなたのおかげで資格が取れました」と改めて連絡をしてあやまろうと思っていました。

しかし、いざ合格してみると、今度は拒絶されることが怖くて連絡できずにいました。

勇気が持てず連絡ができないまま半年が経った頃、Bさんが闘病生活の末、亡くなったことを知ったのです。

お通夜の日、わんわん泣いて、ずっと連絡できなかったことを彼女は亡きBさんにあやまりました。

「あなたのおかげで合格できた」ということを遺影に向かって伝えました。

「生きているうちにあやまりたかった」

彼女は泣きながら、私にそう話してくれました。

彼女はこう続けました。

「『勇気が出たときにあやまればいい』、『いつか許してもらえればいい』と先

延ばしにしたらいけないんだと後悔しています」

過去の後悔をこれからの優しさに変える

後悔とは大抵、取り返しがつかないことになって、初めて生まれます。

あやまれなかった経験は、きっとほとんどの人にあります。

「絶対私は悪くない！」というときでも、もし、相手がイヤな思いをしていた事実があるなら、そういうとき、次のことを思い出してみてください。

人は過去を取り戻すことはできません。

しかし、新しい未来をつくることはできます。

そのとき感じた後悔と申し訳なさを、ここからの優しさに変えてほしいのです。

これさえできれば、ここから出会う相手との関係も良くなりますし、あなたの人生も好転していきます。

8
「ごめん」を言えないだけで失ってしまうこと

あやまらないことのデメリットを知る

「素直にあやまれないことってそんなに損するんですか？　私あやまれないけど、そんなに損してるって感じてないんですけど」

こう思っている方もいるかもしれません。

しかし、実は大きく損をしているかもしれないのです。

あやまらないことによるデメリットは、目に見えてあなたに大きな損失やショックを与えるようなものではなく、じわじわとあなたの人生を狭めていくようなもの。

だからこそ気づきにくいのです。

ここで、あやまらないことで、どれだけのデメリットがあるかを挙げてみますので、あなたの人生と照らし合わせながらお読みください。

あやまらないことの5つのデメリット

❶人が離れていく
❷チャンスが舞い込まなくなる
❸人相が悪くなる
❹思ったことが言えなくなる
❺いつまでも心の平安が訪れない

❶人が離れていく

自分が悪い、悪くないに限らず「ごめん」を言わない人には、人も近づきにくくなります。加えて「この人は人が好きじゃないんだろうな」という印象も与えかねません。

そう見られてしまうと、どんどん人が離れていくことになります。

❷チャンスが舞い込まなくなる

チャンスというものは、それ相応の魅力や能力がある人に訪れると思っている方が多いかと思います。

もちろんそれもありますが、それと同じか、もしくはそれ以上に大切なのが、あなた自身が「この人にチャンスを渡したい」と人に思われる人であるか、ということです。

あやまれない人というのは、魅力が半減してしまいます。そうなると、チャンスに恵まれる機会も減ってしまうのです。

❸人相が悪くなる

「ごめんなさい」が言えない人は、意地を張って我慢しているため、イライラが募り、表情が険しくなります。

さらには眉間にシワもできやすく、頬《ほお》が硬くなり、口角が下がった表情になります。

結果として、それがその人の人相になってしまいます。

そして人はその人相で第一印象を決めがちな生き物なのです。

❹思ったことが言えなくなる

あやまれていないと、素直な自分になれないため、本当に思っていることを言えなくなってしまいます。

それが習慣になってしまうと、自分が本当はどう思っていて、何を言いたいのかさえ、分からなくなってしまうのです。

❺いつまでも心の平安が訪れない

「ごめん」この言葉が言えるかどうかで、心の平安はまったくちがったものになります。

あやまれなかったことは、気付かぬうちにやがて自分の心の荷物となってしまいます。

安心感はゆとりから生まれます。後悔の荷物を心の中にたくさん抱えたまま、心の平安を手に入れることはとても難しいことなのです。

以上、「あやまらないことの5つのデメリット」をお伝えしました。

他にもまだまだあると思いますが、主要なものだけでもこうしたものが挙げられます。

ここからこの本に書いていくことは、決して難しいことではありません。加えてまだ多くの人ができていないことなので、実践すればあなたは簡単に魅力的な人になり、当然人が集まってくるようになります。

結果として、日常のストレスが減り、人間関係がどんどんうまくいくようになるのです。

9 「ごめん」を言えることで得られること

あやまることで、これが手に入る

誰もが、人とうまくコミュニケーションを取りたいと思っています。

さらには、より良い人間関係を築きたいと思っています。

にもかかわらず現実を見わたしてみると、そんな円滑なコミュニケーションを実現させている人は少ないようです。

それは「あやまったら負け思想」をはじめとした、誤った思い込みを持っていることが理由です。

ですから、あやまることで人間関係が劇的に良くなるなど、「ごめん」を使いこなせている人にしかピンとこない話なのです。

ビジネスで成功している方や、多くの人から慕われている方に「ごめんなさいを言えてますか？」と聞くと、間違いなくニッコリと笑って「あやまってばかりですよ」と答えます。

繰り返しになりますが、人に対して素直にあやまれるようになると、得られることは本当にたくさんあります。

特に対人関係と精神面での成果は計りしれません。

ここでは「あやまることで手に入る効果効能」を、いくつかピックアップして詳しく書いていきましょう。

あやまることで手に入る6つのメリット

❶人から好かれる
❷人が心を開いてくれる
❸人から信頼される

❹心がスッキリする
❺腹が立たなくなる
❻人が力を貸してくれるようになる

❶人から好かれる

なぜか憎めない人や、愛される人は、躊躇なくあやまれる人が非常に多い傾向にあります。

さらには、あやまり方や「ごめん」の使い方が、ズルいくらいに絶妙なのも特徴です。

たとえ時間に遅れて来ても

「ごめん！　待ったよね！　ごめんね」とか「ごめん！　でも良かった！　会えて！」と言いながら、あっさりとその場の空気を変えます。

仕事でミスをしても

「わ！　そうだったんですか？　知らなかった！　間違えちゃいました！　ごめんなさい！」

「申し訳ございませんでした。こちら側の確認不足で○○様に多大なご迷惑をおかけしてしまいました。心よりお詫び申し上げます。大変申し訳ございませんでした」

と、等身大な誠実さが伝わってくる気持ちのいいあやまり方をし、やはり事態を好転させるのです。

❷人が心を開いてくれる

「なんかこの前、君だけに無理させちゃったみたいでごめんね。でも本当に助かったよ。ありがとうね」

上司や先輩からこんなふうにあやまられたりしたら、次もがんばれる気になってしまうのが不思議なところです。

あやまってくれる人は、こちらに心を開いてくれていることが伝わります。

そして何かを隠したり守っている感じがしないので、自然と相手も心を開けます。

何かあったら

「ごめん。いつもありがとうね」

と素直に言ってみましょう。

それができれば、周りの人はあなたにどんどん心を開いてくることになります。

❸人から信頼される

何か注意をされたとき、つい言い訳をしたり、自分を守ろうとするがゆえに、相手の落ち度を指摘し返したりすることがあります。

あるいは、口にしなかったとしても、納得がいかない思いが込み上げて、態度に出てしまったりしますよね。

「先輩がそんな思いで私を指導してくれていたこと、今まで気づけませんでした。ごめんなさい。でも、先輩の思いが分かってから、厳しいことも愛情だと思ってありがたく感じられるようになりました」

こんなふうに部下や後輩から言われたらいかがでしょう?

本当にうれしい気持ちが湧くと同時に、その相手に対して大きな信頼感が生まれます。

例えば上司や先輩に限らず、指導を受けたり、何か提言してもらえた時には

「何を言ってきたのか?」よりも

「なぜそのようなことを私に言ってきてくれたのか?」

と考えてみましょう。

そして、その相手の思いを汲んだ上で、その気持ちに対してあやまってみていただきたいのです。

信頼関係というものは一方通行では生まれません。

相手の「なぜ?」を汲んで、そこに対してあやまれたら、関係は一気に深まります。

そしてそんな関わり方をしてくれる人を、人は信頼するのです。

❹心がスッキリする

「ごめんなさい」が言えると、他でもなく、自分の心がスッキリします。

どっちがいいか悪いか、といった問題自体の話よりも先に、相手の気持ちを汲んでお詫びすることを意識しましょう。

もちろん、相手が許してくれたり、相手のイヤな思いがなくなることが一番です。

しかし、たとえそれがうまくいかなかったとしても、まずあやまれたことで、あなたが自分自身を承認することができるのです。

モヤモヤや苦々しい時間は、一分一秒でも早く、自分の中から取り除いてあげましょう。

他の誰でもなく、あなたが一番大切なあなた自身のために。

❺腹が立たなくなる

想像してみてください。

例えばあなたがファストフード店にいて、トレイにハンバーガーやジュースなどを載せて立っているとします。

すると後ろから来たガヤガヤした若者の1人と背中がぶつかったことで「ドン！」と押され、前にいた別のお客さんの洋服にジュースがかかってしまいました。

こんなことがあったとき、後ろの人ではなく、まず被害を受けてしまったお客さんにあやまることに集中できますか？

もし、被害をこうむった人に集中できれば、後ろから押した人のことは二の次になります。

しかしこんなとき、多くの人は、つい「いや私がやったんじゃなくて……」や、「ぶつかってきたの誰？」と、色々な思いが込み上げてきます。

そうなると、純粋にジュースをかけてしまった相手にあやまることだけに集中できないのではないでしょうか？

「あやまる」とは、つまり、目の前で起こった事実を受け入れ、すぐに物事がうまくいくために、迷惑をかけてしまった人に対応するということなのです。

「ごめん」を素直に言えるようになると、腹が立ちにくくなります。

❻人が力を貸してくれるようになる

「大丈夫！　このくらいならなんとか1人でできると思う」
「別に困ってないので大丈夫です！」
このように、つい強がってしまうこと、ありませんか？
本当は大変なのに大丈夫なふりをしたり、本当は不安なのに平気なふりをしたり。

「ごめん」が言えるようになると、強がらなくてよくなり、必要なときに助けを求めることもできるようになります。

「ごめんなさい。では、ここだけお願いしていいですか？　助かります！」
「ごめんなさい。実はちょっと困ってるんです……。申し訳ないんですが、少しだけご協力していただけますか？」

あやまれるということは、つまりは強がらないということにもつながります。

困ったら、強がるのではなく、素直に助けを求めればいいのです。

思った以上に、人は優しいことを実感するでしょう。

あなたのまわりにいる人は、あなたのために力を発揮できるチャンスを待っているかもしれません。


以上、簡単にですが、「あやまることで手に入る6つのメリット」についてお伝えしました。

しかし、これらは「ごめん」があなたにもたらす価値の、ほんの一部です。

あやまることでいとも簡単に人間関係が良くなり、後悔しなくなり、モヤモヤのないスッキリとした毎日を過ごすことができるようになるのです。

10 すべての人にあやまる必要などない

あやまるのは、「今あなたが大切な人」だけに限定する

ひょっとすると、ここまで読んでいただいてきた中で、「それでもあやまることは苦しい」とあなたは感じているかもしれません。

「相手にイヤな思いをさせたことをお詫びする行為」だといくら言われても、そう簡単に気持ちが切り替えられない人もいるでしょう。

また「どうして私ばっかりがあやまらなきゃいけないの？」という気持ちが湧いているかもしれません。

しかし、ここで覚えておいてほしいことがあります。


すべての人にあやまる必要はありません。

後悔のない人生を送るためには、あやまるのはあなたが今、本当に大切な人

だけでいいのです。

臨終間近にあやまったときに返ってきたまさかの言葉

今大切な人にあやまることの大切さを私自身に感じさせてくれた、ある友人の話をします。

彼女は医者を目指して医学部に通っていたのですが、大学時代、学生結婚をして出産もしました。

育児と勉強の両立は彼女にとって想像以上に過酷なものでした。

その負担から、やっと卒業という年にクモ膜下出血で倒れてしまい、数カ月も意識が戻りませんでした。

「そんな不自由な身体になったこの子に、医者のような激務はさせられない」と、彼女の意識が戻ったときには、お父さんから退学させられていました。

医者になる夢を絶たれた彼女は、それまでお父さんに色々と迷惑をかけてきたこともあり、主婦として新しい家族での生活を静かに送っていました。

それから何年も経ったある日、今度はお父さんが病気になり、入院をしてしまいました。

彼女は自宅と病院を週に2、3回、兵庫から九州にある病院まで、なんと600キロの道のりを車で往復してお見舞いに通いました。

入院当初、彼女はお父さんと他愛もない話をして過ごしていたのですが、いよいよお父さんの意識が混濁することが増えてきたある日、彼女は決心して、ずっと言えなかったことをお父さんに伝えます。

「お父さん、親不孝ばかりして苦労をかけて、何の親孝行もできないままで本当にごめんなさい」

するとお父さんは、娘の手を握って、弱々しい声ながらハッキリと、

「可愛い子どものためにすることの何が苦労か……。ワシより先に死なないでいてくれたことが何よりの親孝行や。遠くからいつも本当にありがとうな」

と涙ながらに言ってくれたそうです。

「迷惑ばかりかけてきた」と思っていたのに、今も自分が生きていることをこんなにも喜んでくれている。

一言あやまったことをきっかけに、お父さんの気持ちを彼女は初めて知ることができたのです。

そしてこの会話が、彼女とお父さんの最後の会話でした。


「父が亡くなってしまったのは大きな喪失感でしたが、あの時あやまったときに言ってくれた父の言葉と、父から受けたたくさんの愛に包まれながら、私は今も一所懸命に生きています」

そう話してくれた彼女は、いまだに病気の後遺症で歩くことも大変な日々ですが、「福祉の仕事をしていたお父さんと同じ仕事に就く」という夢に向かって毎日を全力で生きています。

人間関係は寄り添うことが大切

身近で大切な人にあやまることが一番難しいと思われている方もいると思いますし、もちろんその気持ちはよく分かります。

ただ、大切な方と長く後悔せずに、より良い人間関係を築いていきたいのであれば、「どっちが悪い」とか「過去に嫌なことを言われた」とか、そういう思考はいったんやめてみてほしいのです。

身近で大切な人にあやまることで、未来は変わります。

大切なのはあやまった人の数ではありません。

誰にでも軽く、数多くあやまることより、身近な大切な人に、心をこめてあやまり、寄り添うことが大切なことなのです。

自分が正しいことを主張し、相手の過ちを責めるのではなく、相手の気持ちに寄り添い、自分からあやまってみる。

そうすることで相手の見えなかった側面が見えてくるのです。

第2章

あやまるチカラ

11 いい人間関係をつくるために覚えておくべき大切な3つのこと

その行動の背景を考える

この章では、具体的にあやまるときに覚えておくべきこと、そして具体的なあやまり方についていてともに考えていきましょう。

いい人間関係をつくるために、覚えておくととても役に立つみっつの大切な原則があります。

まずひとつめ。それは

「人が行動を起こすには、必ず何らかの背景と理由があると覚えておく」

ということです。

小学校の先生をしている友人が、こんな話をしてくれました。

クラスにいつも暴れている子がいて、その日もクラスメイトに手を出していたのをたまたま目にしました。

「コラ！　また手を出した！　あやまりなさい」

と注意しても、その子はまったくあやまりませんでした。

放課後、その子を呼んで理由を聞くと、彼は少し目に涙を浮かべ、唇を噛み締めながらこう言いました。


「…だって僕にお父さんがいないことをバカにしてきたんだ」


先生である彼女は、本当に申し訳ない気持ちになって、

「ごめんね。あなたの気持ちを分かってやれなくて」とあやまりました。

するとその子は「うわーーー」と泣き出して、そこからクラスメイトに手を出すことはなくなったそうです。

この子はクラスメイトに手を出していたのですから、傍目から見ると、明ら

かにこの子が悪者になるでしょう。

しかし、「お父さんがいないことをバカにされ傷ついていた」という本人と、バカにしたクラスメイトしか知らなかった事情を理解すると、この子に対する見方が変わります。

人の行動は、それと同じ数だけ事情があります。

ですから、一概にその行動だけで相手を判断するのではなく、それぞれの事情や背景を意識してみましょう。

善悪を判断するのは、それからでも遅くはありません。

人には話を聞けるタイミングというものがある

ふたつ目は

「なるべく最初に言い訳をしない」

ということです。

これはもうどこででも言われていることで、「そんなこと知ってるよ」とあなたは思ったかもしれません。

しかしあえて書いたのには理由があります。

相手にとって言い訳と捉えられてしまう表現の多くは、言っている側が「今、自分は言い訳をしている」とは思っていないからです。

自分とすれば、ただ誠実に事実を報告しただけでも、相手にとってはそれが言い訳に聞こえてしまうことが多々あるのです。

人間関係において何かのトラブルが起きたとき、まず始めにやるべきシンプルな対策が「ごめん」以外、何も言わないことです。

もちろん時には他に言うべきこともあるでしょうし、何も言わないと「とにかくあやまっとけばいいと思ってるでしょ」と言われることもあるでしょう。

その瞬間、言いたいことはたくさんあるかもしれません。しかし、このときは、いったん自分の感情をグッとしまった方が賢明です。

もっと詳しく言うと、

「言い訳をしてはいけない」のではなく、「今言うことで、すべてのことが言

い訳にとられてしまう恐れがある」

ということなのです。

少し時間を置くことで、相手にも話を聞くゆとりが生まれます。

状況説明はそのときでも決して遅くはありません。

言うべきタイミングを間違えたがゆえに、相手にさらにイヤな思いをさせてしまうより、よほど効果的です。

このことを覚えておいて決して損はありません。

いつまでもクヨクヨしない

あやまるときに覚えておくべきこと、みっつ目は

「引きずらない」

ということです。

先ほどもお伝えしましたが、人はあなたを傷つけたり苦しめたりするために苦言を呈しているのではありません。

怒ったとき、イライラしたとき、悲しい気持ちになったとき、相手はあなたに「自分の気持ちを分かってほしい」と思って感情を表現しているのです。

このマイナスな感情を理解してほしい。

そうされたらイヤな気持ちになることを知ってほしい。

自分の価値観と相手の価値観が違ったゆえに、相手にイヤな気持ちをさせてしまったなら、ただそれに対してあやまればいいだけです。

いつまでも「私は悪くない」という納得がいかない気持ちや「次に会うのが気まずい」という気持ちなどを、引きずることはないのです。

多くの場合、人とのトラブルは、あやまることで前向きに進み始めることがほとんどです。

もしあなたがあやまる側になってしまったとしても「自分はしっかりと謝罪し、その上で引きずらないと決める」ということを心がけてみましょう。

以上が、「あやまるときに覚えておくべき大切なみっつのこと」です。

「そんなことでいいんだ」と思うくらい、あなたにとっては簡単なものもあれば、「難しそうだな」と感じる苦手なものもあるかと思います。

しかし、これは覚えておくだけでも人間関係の不要なストレスが軽減されます。

力まずに気負わずに。まずはできることからやってみてくださいね。

12

無理に解決しようとするのではなく、まずは相手の気持ちに寄り添う

実は相手は問題を解決したいと思っていない

相手が不満を抱いたり、怒っていたり、何か指摘をしてきたとき、多くの場合、人は慌ててしまうがゆえに、起こったその問題自体をすぐに解決しがちになります。

悪いのは誰なのか？

どうしたらいいのか？

どうすればこの事態がおさまるのか？

無意識にそう考えてしまいます。

こんな場合、まず最初にやるべきこと。

それは自分の非を認めることでも、問題解決でもありません。

「相手の気持ちに寄り添う」これこそが一番最初にやるべきことなのです。

人は本来、自分の気持ちに寄り添ってほしい生き物です。

トラブルが起きたとき、まずはその問題を解決したいのではなく、「今の自分の気持ちを分かってほしい」と思っていることが多くあります。

いきなり対応策を示そうとしない

例えば急な仕事が入ってしまい、止むを得ずそちらを優先しなくてはいけなくなったとします。

そんなとき、こんな会話をしてしまいませんか?

「ごめん。実は今夜の約束なんだけど、どうしても断れない仕事が入っちゃって……」

「えー! 前から約束してたのに、どうして仕事を入れちゃうの?」

「ほんとごめん。今度日を改めて、また同じ予定組もうよ」

「今度って今夜はどうするのよ! せっかく準備してたのに……」

「今度は絶対予定を入れないし、お詫びにその日は俺が奢るから許して！」

「もう分かったよ……。仕方ないんでしょ。別に奢ってほしいわけじゃないし……」


このようなやりとりをしてしまうと、どうしてもしこりが残った感じになってしまいます。

これは解決を優先しすぎた例です。

では、相手の気持ちに寄り添う会話だとどうなるのでしょう？


「ごめん。実は今夜の約束なんだけど、どうしても断れない仕事が入っちゃって……」

「えー！　前から約束してたのに、どうして仕事を入れちゃうの？」

「そんなに楽しみにしてくれてたんだね。ごめん」

「そうだよ。めっちゃ楽しみにしてたのに！」

「そんなに予定を楽しみにしていてくれたのに、本当にごめんね」

「もう……。じゃあ今日は無しになって、それで終わりなの？」

「ううん。また予定を組んでくれるなら、改めて約束したいって思ってるよ」

「そしたら今度のとき、バッとして奢ってよね！」

「もちろん！　受け入れてくれてありがとうね。本当にごめんね。その分仕事がんばってくるね」

「本当だよーー！　その分がんばってね！」


うまくいきすぎかもしれませんが、このように、まずは相手の気持ちに寄り添うだけで、結果に大きな違いが生まれます。

問題を解決しようと焦るがあまり、すぐに対応策を打ち出してしまいすぎると、どうしても行き場のない思いが残ってしまうのです。

もちろん人によってそれぞれの価値観があるので、一概には言い切ることはできませんが、多くの場合、人が怒ったり不満を伝えてくるとき、相手はこの問題を解決してもらうことを一番に考えているのではありません。

正確には、

「この問題は解決できないことは分かっているけど、私の気持ちも分かってほしい」と思っていることがほとんどである

ということなのです。

13 コミュニケーション上手な人はこう伝える

よくあるパートナーシップのすれ違い

これはあやまるときに限らず、コミュニケーション全般に言えることですが、人の行動を正そうとしたり、解決しようとしたり、結論を出そうとすることより、まずは相手の気持ちを理解することのほうがずっと大切です。

ある女性からこんな相談がありました。

その女性は自分のやりたいことに出会い、それを始めることにしたら、彼女の夫、つまり旦那さんから何かと反対されることに悩んでいました。

旦那さんはその女性が何かをするたびに

「それじゃうまくいかないよ。もっと計画を立てて、予算も考えなきゃ」

こんなふうにいつも意見を言ってくるのだとか。

最初その女性は、夫が自分のやろうとしていることをただ否定しているとしか思えず、その気持ちを彼に伝えました。

「せっかくがんばろうと思っているのに、あなたに反対されたんじゃ、うまくいきっこないよ。否定しないでただ承認して応援してほしい」

すると夫から
「俺は否定も反対もしていないよ。思ったことを言ってるだけだって。それに思ってないことは言えないから、ただ承認して応援するなんてできない」

と言われてしまったそうです。

せっかく正直に思いを打ち明けたのに、すっかり自信をなくしてしまい、

「こんな人と結婚したばっかりに……」

とまで思うようになってしまったそうです。

アドバイスを求められたので、私は彼女にこう言いました。

「旦那さんには、その言葉のままの思いがあるのだと思いますよ。

決してあなたを否定しているのではなくて、きっとうまくいくためのアドバイスをしてくれているのだと思います。根拠のないうわべだけの応援は、彼のポリシーに反するのでしょう。一度旦那さんにあやまってみてはどうでしょう？」

「あやまる？　私からですか？」

彼女は少し大きめの声とともに、驚きと不満の表情を私に返してきました。しかし、そのリアクションをあらかじめ想定していたので、私は静かに返しました。

「そう。あやまってみるんです」

「なんてあやまればいいんですか？」

「『今までちゃんとあなたの言っていることを聞いていなかった』と。そして一度だけでいいので、先入観を持たずに彼の言っていることをそのまま聞いて、そして騙されたと思って、全部彼に言われた通りにやってみてください」

彼女は、「むしろ彼にあやまってもらいたい」と思っているくらいの状況でしたので、私の提案はとても受け入れ難いようでしたが、渋々そうしてみることにしました。

あやまることで相手の力を自分のものにする

それから2週間ほど経った頃、その彼女からメッセージが届きました。

「あれから言われた通り夫にあやまって、彼が言ってくることをよく聞いてみました。そして彼から言われた通りにやってみたんです。そしたらビックリするくらい色々なことがスムーズにいくようになったんです。彼は私を思って、的確なアドバイスをしてくれていただけだったんですね。いかに自分が思い込みで相手を評価して、そんな彼を正そうとしていたかに気づかされました。ありがとうございました」

自分の正しさや思い込みが、いかに相手を敵にして、相手の力を受け取らない状況を作ってしまうのか、ということ。

そして相手の気持ちを分かろうとすること、寄り添うことで、どれだけ相手の力を受け取れるのか、ということ。

そのことをこの夫婦が教えてくれました。

人と意見がすれ違ったとき、まず解決することと、正そうとすることよりも、分かろうとすること、気持ちに寄り添うことを優先してみてください。

そのとき、相手は驚くほど、あなたのために力を発揮してくれることでしょう。

いえ、そのときはじめて相手がすでに持っていた輝きが見えてくる、ということなのかもしれません。

14

なぜ仕事ができる人ほど謝罪がうまいのか？

ビジネス力はあやまり方で決まる

あやまる。これは家族や友人といったプライベートな関係だけではなく、仕事の場でももちろん使えます。

あなたは仕事でミスをしてしまったとき、どう対応していますか？

「例の件ですが、私が先方への連絡を怠ってしまいまして、日程がリスケになりました」

「えー！　前も同じミスをしたじゃないか」

「いえ、前回は私の連絡ミスではありません。先方のダブルブッキングが原因です」

「そんなことはどうだっていいんだよ。すぐに連絡とって再度スケジュールを押さえていただかないと」

「もう連絡はしておりますが、まだ先方からの返事が来ていないです」

「そしたらもう一度連絡してみたら？」

「このタイミングで何度も連絡をすると先方から不信感を抱かれかねません。今はリマインドをすべきタイミングではないと思っております」

「なんでもいいからちゃんとアポとってよね！（なんか腹たつわー）」


一度先方への連絡を怠っただけなのに、それ以上に上司の怒りを買ってしまっていますよね。

こんなとき、できるビジネスマンはどうあやまるのでしょうか。


「例の件ですが、私が先方への連絡を怠ってしまいまして、日程がリスケになりました」

「えー！　前も同じミスをしたじゃないか」

「申し訳ございません」

「まあ起こったことは仕方ない。すぐに連絡とって再度スケジュールを押さえていただかないと」

「かしこまりました」

「どうしてそんなミスをしたんだ」

「先方が前回ダブルブッキングをした関係で、先方から連絡が来ると思い込んでいました」

「そうか。こういうときはミスをした後が肝心だからな。丁寧に頼むよ」

「かしこまりました。アドバイスまでいただき、ありがとうございます」


いかがでしょう？　ミスをしたことは変わりませんが、明らかに上司との関係は改善しそうな雰囲気で終えられていますよね。

仕事においても差がつくのは、ほんの少しのあやまり方の違いなのです。できるビジネスマンほど謝罪の達人なのです。

15

先謝の法則

内容次第であやまるかどうかを決めない

この本を読み進める中で、少しずつ「あやまる」ということへの印象が変わってきているのではないでしょうか？

すでに実際にあやまりたくなってきている人もいるかもしれません。


ではいつあやまればいいのでしょうか？

「私があやまるべき？」

「いや、今回はさすがに相手があやまるべきじゃない？」

「正解はどっち？」

そのタイミングを判断できず悩んでしまいますよね。

そんなあなたに提案したいのが、これ。それは

いつでも先にあやまると決めてしまう

ということです。

「負けるが勝ち」という言葉がありますよね。

これに似た言葉で「先にあやまるが勝ち」という言葉もあるんです。

はい、私が考えました（笑）。

先ほど「どんな人にもその行動の裏には事情と背景がある」とお伝えしましたよね。

人の数だけ事情があり、相手にはこちらの知り得ない気持ちがある。

だから、内容次第ではなく、とにかく自分からあやまってみる。

これを決めてしまえば、ほとんどの人間関係がこじれなくなります。

もちろん相手があやまるべきときもあるでしょうから、正直これが１００％正しい方法とは言えません。

ただ、それも踏まえて「まずは先にあやまるんだ」と決めてしまいましょう。

意地になっていたのがアホらしくなるほど事がおさまります。

しかもあやまればあやまるほど、人間関係も良くなりますし、そうできた器の大きな自分自身への自己肯定感も上がります。

頑固な後輩に自分からあやまることで起こった変化

僕の友人で、後輩との関係に悩んでいる方がいました。

後輩はとても頑固で、よく問題を起こすのに、決してあやまらないタイプの人だそうです。

ある日、友人から、少し興奮気味に連絡がありました。

先日、また明らかにその後輩が原因のトラブルがあって、つい声を荒げてしまったのだそうです。

そこから数日間、関係が険悪になってしまいました。

どう考えても相手が悪いと思ったのですが、声を荒げたのは自分だと気持ちを切り替えて、

「あのときは声を荒げて怒ってしまってごめん」

とあやまったのだそうです。

するとなんと、普段滅多にあやまってこないその後輩が、

「私の方こそ、いい顔できなくてすみませんでした」

とあやまってきたのだそうです。

彼はこんな風に言っていました。

「あやまる直前までは、『なんで俺があやまらなきゃいけないんだよ』って思ってたんだけど、あやまった途端、その納得がいかない思いはどこかに吹き飛んで、清々しさを感じるほどスッキリしたよ。あやまった自分を誇りに思えたくらい。あれは自分からあやまった経験をした人にしか感じられない境地だね！」

彼の言う通りです。これは経験者にしか分からない不思議な爽快感なのです。

あなたにも、そんな爽快感を味わってみていただきたいのです。

第3章

あやまる技術

16「ごめん」の超基本動作10のステップ

まずはこれで誰でもあやまれる！

どんなにあやまることが苦手な人、極端な話、人生で一度もあやまったことがない人でも、この順序でやれば大丈夫！　という超基本を10のステップにしました。

誰もがあやまれて誠意が伝わる、基本中の基本の「ごめんなさい」です。

本当にシンプルで基本的なことなのですが、これができていない人も多いので「自分はあやまれている」と思っている方も、一度この手順と自分のあやまり方を照らし合わせてみてください。

「ごめん」の超基本動作10のステップ

❶今やっていることをすべて止めて、持っているものを下に置く
❷体の正面を相手に向ける
❸相手の目を見て、しっかりと止まる
❹目を見たまま「ごめんなさい」と一言
❺言った後、深く一礼して一番深いところで静止
❻一番深いところで2秒ほど静止した後、ゆっくりと頭を上げる
❼頭は元の位置まで戻さず、少し下げたまま、お詫びの気持ちを持ち続ける
❽その状態を維持し、何もしない
❾どんな返事でも言い訳や反論はせず、ただ受け取る
❿最後は「ありがとう」で終える

順に説明していきますね。

❶今やっていることをすべて止めて、持っているものを下に置く

何かをしながらの「ごめんなさい」はＮＧです。

すべてやめて、持っているものはテーブルや棚に置いて、基本的に立ち止まった状態で、何もしていない、何も持っていない状態にします。

❷体の正面を相手に向ける

体の真正面を相手に向けます。

上半身だけでなく、下半身も含め体ごと相手に向けます。

おへそを相手に向ける意識でのぞむとスムーズにいきます。

❸相手の目を見て、しっかりと止まる

相手と自分との関係にもよりますが、よほど目上の人や、ビジネスでの謝罪でない限りは目を見た方がいいと思います（目上の人やビジネスでの謝罪の際は、目線を少し落とし、目を合わせない方が望ましいこともあります）。

ドタバタせずにしっかりと立ち止まり、相手の目を見て一瞬でも止まること。

表情は真面目で一所懸命な顔をしましょう。過剰に申し訳なさそうな顔をしたり、深刻そうな顔をする必要はありません。

❹目を見たまま「ごめんなさい」と一回だけ言う

（あるいは「申し訳ございませんでした」）

基本的には「ごめん」もしくは「ごめんね」（特に「ね」は意外にも大きな力を持ちます）。目上の人やビジネスシーンであれば、基本的に「申し訳ございませんでした」が適切です。

ここでのポイントは、他に何も言わないということ。

「そんなつもりじゃなかったの」「前にも言ったと思うけど」というような、余計な言葉や言い訳は一切不要です。

また、「ごめんごめん」と2回連続で言うと、謝罪の効果が激減します。

余計な一言が、問題を長引かせていることが結構あります。

必ず一言でお願いします。

できる限り、心を込めていただきたいのですが、どうしても心や気持ちを込められない際は、ゆっくり丁寧に言うように心がけましょう。

❺言った後、深く一礼して（目線も落とし）一番深いところで静止

しっかりと「ごめんなさい」を言った後に、ちゃんと頭を下げること。

目安は一瞬屈辱を感じるくらい深く下げてみることです。

その際、目線を残さず、目線を足下に落とすこと。

そして一番深いところから反動ですぐ上がるのではなく、しっかり静止すること。頭を下げる速度はゆっくりすぎると余裕があるようにも捉えられかねないので、どちらかと言えば、早い方が望ましいです。

❻一番深いところで2秒ほど静止した後、ゆっくりと頭を上げる

あやまる内容の深刻さにもよりますが、一番深いところで一瞬でも静止すると、とても誠意が伝わってくる「ごめん」になります。

下げるときと違って、戻ってくるときは、ゆっくりがいいです。

なぜなら、簡単に頭を上げられない、という気持ちが伝わるからです。

また、早く頭を下げて、一度も静止せずに上がってくると反省してなさそうに見えてしまいます。

ですからゆっくりと戻し、最初の状態までは戻さず、少しうつむいたままのほうが望ましいです。

深刻なお詫びをする際は、頭は一番深いところで静止したまま、相手から「頭を上げてください」と言われるまで下げっぱなしでいましょう。

もちろん、そう言われないこともあるので、お詫びした内容にもよりますが、大体2～5秒くらいは静止してください。

❼頭は元の位置まで戻さず、ほんの少し下げたままお詫びの気持ちを持ち続ける

ゆっくりと頭を上げて戻すのですが、元の位置まで戻さず、ほんの少し下げたまま、お詫びの気持ちを持ち続けましょう。

表情は真面目で一所懸命な状態で（もちろん込み上げてくる申し訳なさがあ

れば、それを表現した方が望ましいです）ややうつむき気味を保ちます。

❽ここでしっかりその状態を維持し、それ以外は相手からリアクションがあるまで、何もしない

ここで余計なことをしないことがとても大切です。

「あちゃー」みたいな顔、首を傾げる、相手からまだ何も言われていないのに「本当に仕方がなかったんです」などと言い訳を始める、「今度からは気をつけます」など今後についての宣言も不要です。

沈黙が長引いて待ちきれなくなっても、言うのは2度目の「ごめんなさい」だけにしましょう。

❾相手からの返事やリアクションがどんなものであっても、言い訳や反論はせず、ただ受け取る

「もうこれ何回もやってるよね」と言われても「いやまだ2、3回しかしてないけど」などと反論せず、もう一度「ごめん」。

「本当に反省しているように見えないんだけど」と言われても「反省してるって！」と反論せず、もう一度「ごめん」、これだけです。

「じゃあ次からどうするつもり？」や「今どう思ってるの？」といった未来に対する質問がきて初めて、自分の思いや意見を伝えましょう。

⑩最後は「ありがとう」で終える

相手から思いを聞いたり、質問に答えたりして一段落したら、

「今回の件、本当にごめんなさい。そしてこんなふうに正直に不満や思いを伝えてくれてありがとうございます」

と、最後はありがとうで終えましょう。

以上、「ごめん」の超基本動作10のステップの詳細をお伝えしました。

「迷ったら愚直な方を」

あやまるときに「ここまでしたら大袈裟すぎるかも」というさじ加減に悩むこともあるかもしれません。

しかし、そこで同じ失敗をするなら、変に空気を読んでライトにいくより、空気を読まずに、丁寧すぎるほどヘビーにいった方が好感を持たれます。

「なんかテクニックであやまってもなあ」あなたはそう思うかもしれません。

しかし、人はまず相手の心の中よりも、そのときの対応や姿勢で判断します。

相手との関係性をより良いものにするためにも、ぜひテクニック、いや、この基本動作を身に付けていただきたいと思います。

17 あやまるべき時にやってはいけないこと

自覚無くやってるかも？　嫌われるあやまり方

「ごめん」の超基本動作10のステップを実践する際のポイントとして、基本動作の裏側にある、やってはいけないことについても、詳しくお伝えします。

あやまったのにますます嫌われる6つのアクション

❶そもそもあやまらない
❷言い訳
❸ダラダラ話す
❹「自分は悪くない」アピール

❺「ごめん」の後に相手への反撃を始める

❻あやまった後、誰かに愚痴る

ここは効果的なあやまり方と同様、いや、ひょっとするとそれ以上に大切な部分になりますので、しっかりと自分自身を振り返りながら読んでいただきたいと思います。

では具体的に見ていきましょう。

❶そもそもあやまらない

「なんで？」と聞きたくなるくらい、かたくなにあやまらない人がときどきいます。

そういう人は、おそらく「自分はかたくなにあやまってないな」とは思っていません。

それはその本人が、本当に悪いと思ってないケース、全く気づいていないケース、あるいは自分自身を守るために頭がいっぱいで、謝罪など考える余裕がないケースもあります。

いずれにせよ、あやまれない人からはゆっくりと人が離れていきます。

❷すぐに言い訳をする

「我ながら言い訳、言ってるな」と感じてしまうことは誰にでもあると思います。

そのときは、相手から言い訳と思われても仕方がありません。実際、自分自身が言い訳している自覚があるのですから。

しかし、大切なのはここではありません。

実は、言い訳どころか「真実」だったり「正当な理由」を言っているときも、相手からあなたが言い訳を言っているように思われてしまう可能性が少なくないのです。

そのようなタイミングのときは、相手から聞かれたことだけを答える。

それ以外は「ごめんなさい」か「申し訳ございませんでした」しか言わないということを心がけておきましょう。

❸ダラダラ話す

あやまる側の話が長いと、それだけで怒っている方には更なるイライラが募ります。

こんな場合、セリフ、つまり発する一文の量をグッと短く刻むだけで、印象はガラリと変わります。

聞かれたことだけを一文で答えていくと、不思議なもので、怒っていたはずの相手が、こちら側の「真実」や「正当な理由」を自ら取りに来てくれるかのように、どんどん質問をしてくれ、やがて、理解をしてくれるようになるのです。

セリフが長くなっていいことはありません。

ぜひとも短く一文で答えましょう。

❹自分は悪くないアピール

これをやってしまうと、人から一番嫌われます。

特に、あやまった後に、すぐに「自分は悪くない」というアピールをしてしまう人がいます。

これはその相手との関係性を大きく壊してしまう原因になると覚えておきましょう。それならまだあやまらない方がマシなくらいです。

❺「ごめん」の後に相手への反撃を始める

「ごめんね。だけど言わせてもらっていい？　あなただって……」

このように、せっかくあやまったのに、負けじと相手のことも指摘してしまう人がいます。

これもせっかくあやまったことの効果を、一気に台無しにしてしまいます。

「ごめんね。でもさ、前はあなたが私との約束破ったじゃん」

「君だってそんな言い方はないだろ」

「今回はしょうがないけど、今度からもっと早く言ってよね」

「この件に関しては僕が悪かったけど、君が悪い時もあるからね」

このようにどうしても「あやまったら負け思想」が出てしまって、せめて引き分けで終えようと思って、こういうことを言ってしまいがちになります。

相手に対しての指摘は「ごめん」のすぐあとは控えましょう。

火に油を注ぐ結果になってしまいます。

❻あやまった後、誰かに愚痴る

せっかくあやまって事がおさまったのに、その後、誰かに愚痴ってしまうと、そのあやまったことの価値を下げてしまいます。

誰かに愚痴りたくなる気持ちはわかりますが、もしそれがあやまった相手に伝わってしまうと、取り返しがつかなくなってしまいます。

これもできる限り我慢した方が賢明でしょう。

以上、「あやまったのにますます嫌われる6つのアクション」をお伝えいたしました。ぜひ参考にしていただければと思います。

18

誰もいない場所で、1人であやまってみる

効果抜群！　誰も座っていないイスに話しかけるワーク

ここまで色々書かせていただきましたが、それでも「あの人にはなかなかあやまれないし、あやまりたくない」という相手もいるかと思います。

そんな「とてもじゃないけど面と向かってあやまれない。でも大切な人」という人の名前を、まずノートに書き出してみましょう。

そしてその人に、直接あやまるのではなく、その人が目の前にいると仮定して、1人であやまってみてください。

恥ずかしいかもしれませんが、誰も見ていないので大丈夫です。

その代わり、本当にその人に話しかける言葉遣いで、なりきってやってみてほしいのです。

カウンセリングに「エンプティチェア」という手法があります。

「誰も座ってないイス」という意味です。

どんな手法かというと、まず、自分が座っているイスと、もう1つ誰も座っていないイスを用意します。

次に、その誰も座ってないイスにその相手が座っていると思って、話しかけます。

例えばこんなふうに。

「お父さん。お父さんはどうして、私が本当は何をしたいかを聞くこともしないで、勉強しろとか、早く帰ってこいとか頭ごなしに言ってくるの？」

次に、その誰も座っていないイスに自分が座り直し、その対象の人になったつもりで、自分が話しかけた内容に答えていきます。

つまりここではあなたがお父さんになります。

「それはお前のことが心配で、幸せになってほしいからじゃないか。お父さんが言わないで、他の誰がこんなこと言ってくれるんだ」

これを交互に繰り返すことで、相手がどう思っているかが分かってきて悩みが解決に向かっていく、という手法です。

対象者が目の前にいなくても、その人に向けて実際に話しかけることは非常に効果的なのです。

まずは、相手がいない状態で、相手がいると思って実際に声に出してあやまってみてください。

頭の中で考えているのと実際に声に出すのとでは、全く違う展開になることが多々あります。

自分一人でやっているのに、「そんなこと思っているかもしれないんだ」と相手の思いがけない一面にも気づけたりします。

騙されたと思って、ぜひ相手がいると想定して、そのイスに向かって、声に出して伝えてみてくださいね。

渡さない手紙を書いてみる

また、たとえ1人でもその人に話すようになんてとてもできない、という方は、絶対渡すことのない、誰も読むことのない手紙を書いてみましょう。

渡さないのであれば、それほど難しいものではありませんし、誰も読むことがないのであれば、言いたいことも全部書くことができます。

いかに許せないか、相手のどこが間違っていると思うか、相手のどこが気に入らないかも書いてしまいましょう。

ただし、ちゃんとどこかであやまることだけは一文でもいいので必ず入れましょう。

きちんとあやまることを書くことで、その人とのわだかまりが整理できます。

自分の気持ちを主張したり、問題を解決しようとだけするのではなく、相手の気持ちを分かろうとするのです。

きっと以前より格段にあやまりたい気持ちが上がってくるかと思います。

その高まった気持ちのまま、直接あやまれたら本当に最高ですし、書いたお手紙を実際に送ってもいいでしょう。

もちろんあやまれないままでも、お手紙を送れなくても大丈夫です。

不思議なもので、書くことではじめて見えてくる世界があります。

相手へのメッセージを言葉にすることで、その人に対するあなたの感情は間違いなく改善します。

何よりも、あなたの心が軽くなります。

騙されたと思って、お時間のあるとき、ぜひやってみてくださいね。

19

相手のペースに乗らないように気をつける

「あやまればいいと思ってるでしょ?」と言われたら

私は、あやまらないよりは断然あやまった方がいいと思っている人間です。

ですから

「心を込められないならあやまらない」

よりは

「心を込められなかったとしてもあやまる」

方がいいと思っています。

そこで実際に、心を込められないままあやまってみると

「全然心が込もってないんだけど」

「あやまればいいと思ってるでしょ?」

などと、心の底を見事に見透かされたように、そのあやまり方を指摘されることがあります。

せっかくあやまったのにこんなツッコミが来たら、イラッとしてしまいます。

しかし、ここで一番やってはいけないことがあります。

それはムキになって言い返すことです。

「あやまらないよりはいいでしょ!」

「100歩譲ってあやまったのにそんな言い方ないだろ!」

「心込めてるっつーの!」

このようにムキになってしまうと、またこじれてしまいます。

では「あやまればいいと思ってるでしょ?」と言われたらなんと言えばいいのでしょうか?

私なりの対処法をお伝えします。

まずはグッとこらえること。

条件反射で答えると、ついこじれることを言ってしまいがちなので、ご注意ください。

そして、一度小さく深呼吸して

「ごめん」「申し訳ございませんでした」

と、もう一度言いましょう。

そして沈黙です。

読んでいると苦行のように感じてしまうかもしれませんが、グッとこらえて、もう少し聞いてください。

ムキになる自分をコントロールしよう

あやまったときに限らず、いろいろなシチュエーションで、相手が過剰に厳しい言い方をしてきたり、過剰にネガティブな言い方をしてきたり、嫌味を言ってきたりすることは往々にしてあります。

あやまった相手から、

「別に……」

「もうメンドくさいなー！」

「気分悪くなったから帰るわ」

など、言われたらイラッときます。

それは感情を持っている人間である以上、当たり前のことです。

そこで自分をコントロールできるオススメキーワードをご紹介します。

相手がそういった言動に出た際には、自分の心の中で、

「その手には乗らない」

とあえてつぶやいてほしいのです。

口に出す言葉、すべてが本心とは限らない

多くの人が、心の奥底にある思いを正直に伝えてきません。

そして多くの場合、あなたがイラッとくるような言葉は、相手の本心ではないケースがほとんどです。

それに気づくきっかけとなった、私と妻とのエピソードを、恥を忍んでお話

しさせてください。

私は現在、女性にメイクを教える仕事をしており、これまで、女性と接する毎日を過ごしてきました。

「仕事をもっとうまくいかせたい」『もっと人の役に立ちたい」という願いから、哲学博士と心理カウンセラーに師事しており、人間心理をたくさん教えていただいてきました。

つまり女性心理の専門家と言っても過言ではありません。

ですから、結婚したら誰よりも奥さんを幸せにする自信がありました。

しかし、実際結婚してみると、すれ違いが多くケンカばかりの日々。

「あれ？　こんなはずじゃなかったのに……」

私はどんどん自信をなくしていきました。

どうしていいか分からず、悶々と結婚生活を過ごしていました。

きっと妻も同じ心境、いやもっと苦労したかもしれません。

ケンカになると
「どうせ私が悪いんでしょ。ひろくんは心の専門家だもんね」
と言われてしまいます。
今、妻の立場になって考えてみたら、「女性心理の専門家」を名乗る男となんて結婚したくなかったと思います。

たび重なるすれ違いの毎日。

いよいよ妻の不満がピークに達し、私に対して責めるような発言がエスカレートしていき、あるとき、非常に強い口調で私を否定してきました。

私はとっさにこう妻に伝えました。

「本当はそんなこと言いたくないんだろ。でもどうしていいか分からないんだろ。知ってるんだからな」

すると、妻は怖い顔のまま、私にこう答えたのです。

「そうよ。自分でもどうしたらいいか分からないの」

そしてその怖い顔を保ったまま、涙を流してこう言ったのです。

「助けて……」

そう。彼女もそんな自分をどうしたらいいのか分からず、苦しんでいたのです。

私はこの言葉を聞いた瞬間、妻を思わず抱きしめました。

「ごめん。ごめんな」

私がイラッとくる彼女の言葉は、彼女の本心ではありませんでした。

彼女も彼女で、自分の中の矛盾に苦しんでいたのです。

あのとき、彼女の奥底にある気持ちを聞くことなく、私を責める言葉が彼女の本心だと思っていたら、夫婦仲を保つことは難しかったと思います。

おかげさまで、いまは以前より衝突が減り、あやまる機会も減りました（笑）。

口に出すことがすべて本心とは限らない。

あなたにとって身近で大切な人にも、そして誰にでも奥底には違った思いがあるはずです。

イラッとくる言葉をかけられても、

「その手には乗らない」

をぜひ心の中で唱えてください。


いつかその人の本当の思いに出会えるはずです。

20 はい、10分解散！

人はささいなことで取り返しのつかないミスをおかす

夫婦や親子、パートナー同士など、距離が近い人ほど口論になったとき、遠慮しないでぶつかり合ってしまいますよね。

そんなとき、つい熱くなって、言い過ぎてしまった言葉で相手を傷つけたり、相手の言葉で傷ついたりしてしまうこともあるのではないでしょうか。

それがこじれると、そのときの会話が元で別れ話になったり、親子の縁が絶たれてしまうことだってあります。

「いつもそうやってスマホばっかり見て、全然私の話聞いてないじゃん」

「ごめんごめん。もうスマホ見ないから、続き話してよ」

「ごめんごめんって全然あやまってる感じ伝わってこないし、もう聞いてないから続きも話したくない。私の話なんてどうでもいいんでしょ？」

「そんなことないって！　どうしてそういうふうにいじけるわけ？　聞きたいって言ってるじゃん！」

「はー!?　なんで逆ギレされなきゃいけないの？　どうせいじける私が悪いんでしょ。その説教みたいな言い方、ホント、ムカつくんだけど」

「はーー!?　別に説教のつもりで言ってねーし！　なんでそうやっていちいち絡んでくるわけ!?」

こうなってしまうとまさに絵に描いたような〝火に油状態〟です。

きっかけは大したことではないのに、このまま話し続けると、取り返しのつかない事態にも発展しかねませんが、お互い熱くなっているので後には引けなくなっています。

ここから紹介するのは、こんな衝突を避けるための、近い存在の人とのコミュニケーションで役立つメソッドです。

これ以上、火に油を注がないためには？

こうなったとき、あるいはこうなりそうなときに、ぜひやってみていただきたいのが

〝10分解散法〟

です。

言い合いがヒートアップしそうになったとき、どちらかが「ちょっと解散！」と言って、クルリと後ろを振り向き、相手から離れましょう。

「まだ話終わってないんだけど！」といくら言われても聞いてはいけません。振り返らず、相手から離れるのです。

そしてショッピングモールをうろうろしたり、本屋さんで新刊コーナーやランキングコーナーなどを眺めてみてください。自宅であれば、ちょっと外に出てコンビニに行ってみたり、近くを散歩してもいいと思います。

5分から10分、まったく別々の場所で過ごしてみてください。

すると、あら不思議。あの高ぶった感情がだんだんおさまってきます。

おさまってくると、だんだん相手の気持ちも分かってくるものです。

「たしかに、いつもスマホ見ながら生返事をされたらそりゃ腹も立つわな……」

「たしかに、私って腹が立つと、相手がイヤがる言い方をわざわざしちゃうんだよな……」

そんなふうに、「ちょっと自分も悪かったな」という空気になった頃に合流します。自分がやっている目安として10分と書きましたが、気持ちの変化が起こるまで、必要なら何分でも距離を置きましょう。

「さっきはごめんね」

「私もごめんね」

ここでは内容には触れずに「さっきはごめんね」くらいで終わらせるのが大変効果的です。

大切なのは、熱くなったまま、ものごとを解決させようとしないことなのです。

21

部下や後輩など目下の人にあやまるときのコツ

自分のミスをすり替えていませんか？

部下や後輩にあやまるというのも難しいテーマですよね。

目下の人に対してちゃんとあやまれている人は、その時点で素晴らしい方だと思います。

特に部下や後輩などが怒ったり不満を言ってきたときの対処に関しては「相手の気持ち」を汲むより先に、正しさをぶつけてしまいがちになる人は少なくありません。


例えばこういうシーンってありませんか。

「昨日確認の電話くれるって言っていたと思うんですけど……」

「ごめんごめん。ちょっとミーティングが長引いちゃってできなかったよ。現場に出ていると、急に電話できなくなるときもあるんだよ」

「電話ができなくなったのなら、そのことを一言もらいたかったです」

「それができたら電話してるって。だからこれからは『電話が来なかったら忙しいんだな』って思ってよ。それにね、ただ感じた不満をそのまま言うんじゃなくて、相手の行動から事情を汲むことが社会人としての思いやりなんだよ」

「申し訳ございません……」

あやまるどころか、あやまらせてしまいました。

こういうケースが上司部下の間ではよく生まれます。

上司はどうしても部下に対して、

「分かるだろ。これくらい理解してくれないとこっちも困るよ」

という思いが生まれます。

もちろん社会経験が豊富な分、鋭い指摘ということもあるでしょう。

ただ自分にとって都合のいい解釈をしてしまっていることもあります。

たしかに「感じた不満をそのまま言う」というのは、社会人として未熟だと取られかねません。

しかし、自分がかけると言った電話をかけ直さなかった、という今回の話のタイミングでこの切り返しは、問題をすりかえてしまっていますよね。

明らかに「相手の気持ち」よりも「問題」や「自分の気持ち」を優先させている会話です。

さらにはそこから指導までしてしまうのですから、部下の気持ちはどこへやらで、とてもかわいそうです。


では「相手の気持ち」を優先させるとどうなるでしょう?

「昨日確認の電話くれるって言っていたと思うんですけど……」

「そうだったね。電話しなくてごめん」

「電話ができなくなったのなら、そのことを一言もらいたかったです」

「うん分かった。これからは一言メッセージするね。ごめんね。それなのに理解してくれてありがとう」

「こちらこそです。こんな私の意見にもきちんと答えてくださり、ありがとうございます。勇気を出して言えて良かったです」

この会話だけでも部下の方との信頼関係は深まることは簡単に想像できると思います。

子どもにもあやまることができていますか？

この会話は弟や妹、息子さんや娘さんが相手でも同じことが言えます。

朝、男の子がお父さんを起こしてきます。

「おとーさん！　起きてー！　あそぼ！」

お父さんが前日の夜遅くに寝ていたとしても、おかまいなしに（というか知りもしないですよね）6時に起こしてきたとします。

必死で起きるのですが、結局リビングでまた寝てしまいました。

男の子はお父さんに見せたいYouTubeを一緒に見たいのですが、お父さんが寝出すと、

「ねー！　起きてよ！　ここが面白いんだよ！　ねー！」

と起こしてきます。時に顔を叩いてきたりすることもありますよね。
そこでお父さんが
「コラ！　どんなときでも人を叩いちゃダメだって言ってるだろ！　それにがんばって起きても、まだ眠くて寝ちゃうときだってあるの！」
と怒ります。
すると男の子は泣きながら
「僕がおとーさんと遊ぶのがどれくらい楽しみか分かってるの?!　分かってくれないならいいよもう！　寝てなよ！　もう知らない！」

客観的に読んでいただいていかがでしょうか？

自分の気持ちや問題を見たら、寝るのは仕方ないという結論になりますが、息子さんの気持ちだけを考えたら、本当にかわいそうな気持ちになり、愛おしさが湧いてくるのではないでしょうか？

子どもにもいろんな性格があります。

はっきりと自分の気持ちを言ってきてくれる子もいますが、素直に気持ちを言えない子も多くいます。

その場合は、誰にも伝えることなく、親や社会に失望してしまうのです。

だからこそ、親がその子どもの気持ちに気づいてあげて、そこに寄り添ってあやまれたら素晴らしいですよね。

子どもにも悪いことをしたと思ったら、親であってもあやまることができる。その姿勢は本当に大切ですし、そんな親のもとで育つからこそ、その子どもも自己肯定感の高い人になれるのだと思います。

あやまるときは、上下の立場を抜きにして、人としてあやまる力を持ちたいものです。

22
上司や先輩など目上の人にあやまるときのコツ

器用に立ち回ろうとする部下は嫌われる

では立場を変えて考えてみましょう。

相手が上司や先輩など、目上の立場の人にあやまるときは何に気をつけたらいいのでしょう。

それは、お詫びの気持ちをお伝えすることはもちろんですが、それに加えて教えていただく姿勢を持つということです。

相手に不快な気持ちを持たれてしまうケースとして

「いかに自分は理解したか？」

「いかに自分は分かっているか？」

というポジションにいこうとしてしまう人がいます。

「このたびは誠に申し訳ございませんでした。やはり先輩がご指摘くださったように、先方へのフォローをもっと小まめに行うべきでした。私も実は数日前にそのことは少しよぎっていたんです。ただ行動に移しませんでしたので、私の責任です。申し訳ございませんでした」

なんか往生際が悪く、言い訳がましく聞こえてしまいますよね。

では、教えていただく姿勢を持つとどうなるでしょう？

「このたびは誠に申し訳ございませんでした。先輩、先方へのフォローをもっと小まめにということを教えていただき、ありがとうございます。私も先輩のようなお客様との関係を築きたいので、もし可能なら、ぜひともその辺りをもう少し教えていただけないでしょうか？　どのタイミングで、どんなアクションをすればよかったでしょうか？」

教えていただく姿勢に加え、感謝もちゃんと入っていますよね。

これだと可愛いやつだなとなりますし「もう少し詳しく教える」という関係が継続されますよね。

自分が先輩の立場だとしたら、こんなふうに言ってくる後輩って可愛く感じませんか？

先輩に「あなたのおかげで」という姿を見せる

上司を怒らせてしまったり、先輩と揉め事を起こしてしまったら、当然気まずいでしょうし、また会ったときには動揺してしまうこともあるでしょう。

ただ先輩の立場からしたら、よほどその後輩を嫌っていない限り、いつまでも引きずっていてほしいと思ってはいないでしょう。

上司や先輩の思いは、

「引きずらないでほしいけど、忘れないでほしい。そして同じ過ちは犯さないでほしい」

これに尽きます。

例えば、以前に遅刻を怒られたことがあったなら、必ず開始時間に間に合うところを見せることが何より嬉しいことでしょう。

自分のことを話しすぎて注意された経験があるなら、その先輩の前では人の話を聞くことに徹する姿をお見せしましょう。


上司や先輩というのは、自分の関わりで人が成長した姿を見るのがうれしい生き物です。

ぜひ「あなたのおかげで自分はこうなれた」という姿を見せましょう。

そして
「この子も前は失敗もあったけど、今は本当に頼もしいよ」

と先輩が誇らしげに紹介してくれるような関係を目指しましょう。

23
SNSやLINEであやまるときのコツ

便利すぎてトラブルを増やしているSNS

私たちのコミュニケーションに欠かせなくなっているSNSやメッセンジャー、そしてLINE（以下、全てまとめてSNS）。

今や便利を超えて、生活の一部になっています。

では、そんなSNSであやまる時にはどうしたらいいのでしょうか？

とても大切なことなので結論から言います。


誰かと衝突してしまった時、「ごめん」だけはSNSでは絶対に言わないでください。必ず直接会うか、せめて電話であやまるようにしてください。

SNSでの謝罪は、何よりも難しいと言っても過言ではありません。
文字だけで相手と分かり合おうとするのには、非常に注意が必要だからです。

文字で気持ちを伝えるのはとても難しいと覚えておく

理由はふたつあります。

ひとつめは、文字だけで温度感まで表現するのは、文章を書くプロであったとしても至難の技です。どんな書き方をしたとしても、どうしても実際の思いよりドライに感じられてしまったり、もしくはなぜか言い訳のニュアンスが含まれてしまうからです。

「さっきはごめん」

いかがでしょう？　これだけで、相手に対するお詫びの気持ちがどのくらいあるか計れるでしょうか？

絵文字がこれだけ普及しているのも、文字だけで伝えることの限界を、多くの人が感じているからです。

楽しい雰囲気や感謝の気持ちなどは、絵文字を使うことで文字だけよりは温度感を表現できるかもしれません。

しかし、こと謝罪に関しては、絵文字を使うだけでふざけているように見られるため、文字だけで送ることになると思います。

そのため、温度感が伝えられないのです。

ふたつめは、1つの言葉の意味を取り違えて、誤解を生み、相手を怒らせてしまうからです。

例えば、友人から何かお誘いを受けたとします。

当初、あなたは参加の予定にしていたのですが、その後、どうしても外せない用事が入ってしまったので、欠席に変更する連絡をしました。

するとその友人から「残念です」と返ってきました。

この「残念です」という言葉。

あなたはどんな意味だと思いますか？


「あなたにはガッカリしたよ」という意味だと思いますか？

「残念に思うくらいあなたと一緒にいたかった」という意味だと思いますか？

実はほとんどの場合、受け取る側は前者の意味だと解釈しているのですが、送る側は後者の意味で送っているのです。

「残念です」だけでもこれだけのすれ違いを起こしてしまうのです。


例えばその微妙な空気に気付き、誤解を訂正するメッセージを送ったとしましょう。しかし、今度は相手が自分を否定されたと受け取ってしまい、さらに亀裂が大きくなってしまう、ということも少なくありません。

人の心はとても繊細なもの。

こうなってしまうと、すれ違う前の状態に戻るだけでも至難の技です。

こうして本を書くような、文字の専門家である私も、ＳＮＳだけでのやり取りは難しいと思っています。これが謝罪などなおさらです。

少しでもすれ違っていると感じたら、それ以上は文字でやり取りせずに、すぐに電話に切り替えるか、もしくは相手に時間をとってもらい、会いに行きましょう。

電話でも会ってでも、話すことで言葉の文字情報だけでなく、温度感やニュアンスも相手に感じてもらえます。

SNSはリアルであやまった後に使おう

付け加えておきますが、しっかりと相手と向き合い、誤解が解けた後は、逆にSNSの出番です。


今日はお会いできて嬉しかったです。

そして同時にしっかりと話を聞いてくださって、本当にありがとうございました。

そして、あらためて、口ベタゆえに、〇〇さんに不快な思いをさせてしまい、本当に申し訳ありませんでした。

こんな自分ですが、ここからもどうぞ温かいおつきあいをよろしくお願いいたします。

繰り返しになりますが、お時間いただけたことに心から感謝いたします。

またお会いできることを楽しみにしています。


このように、会った後に、謝罪と感謝を伝えるのです。

このときはSNSでも大丈夫ですし、このメッセージがあるかないかでは、相手の感情、そしてその後の相手とのつきあい方は大きく違ったものになります。


いつでもどこにいても、つながっている人とやり取りができて、お誕生日のメッセージや、イベントの出欠なども一瞬で済ませることもできてしまうSNS。

その便利すぎる機能が、実は私たちのすれ違いや揉め事を増やす原因となっていることに気づいている人はあまり多くはありません。

楽だからと甘えて「ごめん」までＳＮＳで済ませようとすると、本当に大切な人との関係が壊れてしまうことだってあるのです。

大切な人とすれ違ってしまったとき。
相手が誤解して険悪な雰囲気になってしまったとき。
相手を傷つけるミスをしてしまったとき。

こんなときは可能な限り、ＳＮＳであやまることはやめましょう。
勇気を出して直接会うか、せめて電話であやまるようにしてください。

あやまる上で最低限のテクニックは必要ですが、それらをはるかに超える大切なこと、それは「相手に誠意を尽くす」ということなのです。

あなたがいつまでもミスを引きずることなく、気持ちよく毎日を送ることができますように。

第4章

どんどん人生が良くなる「ごめんなさい」

24

親も完璧な人間じゃない

2歳半の娘に手を上げてしまったシングルマザー

「親の心子知らず」という言葉があるように、私たちが親の気持ちを知ることはとても難しいようです。

「親になって初めて気持ちが分かった」というのはよく聞く話です。

例えば早くにお母さんを亡くしてしまったり、幼ないときに別れてしまったがゆえに、記憶がない人もいるかもしれませんが、私たちは全員、お母さんから生まれてきました。

もちろんすべての親子がうまくいっているわけではありません。

両親との関係で、何かしらモヤモヤを抱えている人もいるかと思いますし、現状、不仲で連絡を取っていない方もいるかもしれません。

ここで、2人の女の子を育ててきたシングルマザーの話をさせてください。

そのお母さんは、長女が小学4年生の頃、こう聞かれたそうです。

「小さいころ、ママにたたかれたことがあるよね」

実際、そのお母さんは一度だけ、長女に手を上げたことがありました。

長女が2歳半の頃、生まれたばかりの次女と2人を連れて、スーパーに買い物に行くと、長女が「カートを押したい」と言ってきました。

カートには次女を乗せていたので「今日はダメだよ」と伝えていたのですが、ちょっと目を離した隙に、長女がカートを押したのです。

次女が乗るカートが急発進をしたそのときに「危ない！」とカートを止め、振り向きざま
「危ないでしょ！」

と、ほとんど無意識に長女に手を上げてしまったのです。

長女も何が起きたのか分からない中、たたかれたことで泣き出し、さらには次女まで泣き出してしまった、そんなできごとがあったそうです。

お母さんは、当時の状況を一つひとつ娘に説明していき、娘の気持ちも一つひとつ聞きました。

そして、まだ小さい2人を1人で育てていて、いっぱいいっぱいだったこと、危ないと思ってついカッとなってしまったことを伝え、

「あのときは怖い思いをさせてごめんね」

とあやまりました。

「ママも大変やったんやね……。その後、○○ちゃん（妹）は大丈夫やった？」

このように、小学4年生の長女は、自分の気持ちはスッキリしたのか、すぐに当時の次女を心配してくれたそうです。

その日は、買い物もせずにそのまま帰ったこと。

自転車で、前と後ろに乗せた娘たちと3人で泣いて帰ったこと。

帰った後に、3人で気絶するように昼寝をしたこと。

長女は当時のことをうれしそうに聞いてくれて、そんな娘さんとのやりとりで他でもない、その頃の産後うつ状態だった自分自身のことが許された感覚が

あったそうです。

そして長女も「ママは私を大切にしてくれていた」と感じたようです。

「長女も15歳になり、自分の好きな事に夢中になれる素直な子に育ってくれました。『ごめんね』と『ありがとう』もお互いが素直に伝え合えるようになりました。娘たちも、もし誰かにイヤな思いをさせてしまったときには相手に対して素直に『ごめんなさい』を伝えることができているようです。あの日、娘にあやまることができて良かったと、心から思います」

そう晴れ晴れとした顔で話すお母さんは、これからも娘たちと仲良く、そして互いに成長を応援しあえる関係になっていくように感じ、そんな親子の姿に頼もしさすら感じました。

親も意地を張るし、間違える

この話を聞いたときの、心が温かくなった感情を、昨日のことのように思い出します。

あやまれたお母さんも素敵ですが、当時のことを切り出せた娘さんも素晴らしいと思いました。

もしかしたらトラウマになっていたかもしれない。

いつまでもお母さんに怯えて生きていたかもしれない。

しかし、勇気を出して切り出したことで、お母さんがあやまってくれ、そのおかげで、娘さんの人生も、よりいっそう晴れ晴れとしたものになったことでしょう。

こちらの親子は当時の気持ちや置かれた状況を話し合うことで分かり合えたのです。この会話があるのと無いのとでは、娘さんの人生はまったく違ったものになるでしょう。

現在、多くの親子が、このような会話が無いまま、過去にされたことをいつまでも根に持って「お母さんはこういう人だ」「お母さんはこういう気持ちだったに違いない」と決めつけている話をよく耳にします。

しかし、親だって人間。完璧ではありません。

幼い頃受けた親の一言や行動を引きずっている人へ。

自分自身が完璧でないことはよくお分かりでしょう。

にもかかわらず、自分ができない完璧さを親に求めるのは少し酷ではないでしょうか？

お母さんだって意地を張るときもあるだろうし、間違えることもあります。

もしかしたら、お母さんはあのときのことを後悔しているかもしれないし、あなたを愛しているがゆえの言動だったかもしれません。

改めて、当時のわだかまりを、今こそ見直してみませんか？

25

「ごめん」が言えない甘えた間柄だからこそ

親子には、◯◯があるから余計にあやまれない

お父さん、お母さん、息子さん、娘さん、お兄さん、お姉さん、弟、妹。

多くの人が、より近い関係ほどあやまれなくなるようですが、家族は特にあやまれない存在です。

これはどうしてでしょう？

それはおそらく〝保証〟があるからではないか、と思います。

どんなに意地を張っても、揉め事を起こしても、家族であることは変わらないから、平気で文句も言えるし、本気でムカつくことができてしまうのです。

しかし、例えばこれが自分を雇ってくれている社長、上司だったら？

あるいは友達だったら？

とてもじゃないですが、家族で揉めるときのように言いたいことも言えないでしょうし、「どう思われてもいい」とは思えないですよね。

なぜなら〝保証〟がないから。

クビになるしれない。

もう遊んでくれなくなってしまうかもしれない。

もちろんそれだけの理由ではないでしょうが、この〝保証〟がない関係とある関係では、あやまれる、あやまれないの差は大きく変わります。

親しき仲「ほど」礼儀が必要

一番近いからこそ盤石だったはずの保証。

自分の家族では、その保証が失われつつあると感じている方も多いのではないでしょうか？

例えば親子が絶縁状態。

3年間ろくに口を利いていない。

親に対して「あの人だけは許せない」と思っている。

こうなってしまったのは、お互い〝保証〟があると思っているがゆえに（一方が、あるいは双方が）思ったことをそのまま言って、あやまることはせず、自分の意見を主張し続けたことにより関係が悪化したケースです。

こう考えたとき、「保証＝甘え」と表現することもできるかもしれません。

核家族、スマートフォンによる個人でのやりとり、インターネットの発達による個人時間の増加。

こうした時代的な背景も相まって、崩れかけた家族が増えてきたことで、身近な人との関係性の〝保証〟が弱まってきました。

なんでも言い合える家族関係って素晴らしいことだと思いますが、なんでも言い合って絶縁になっては元も子もありません。

親しき中「ほど」礼儀が必要。

これはビジネスの世界でのつながりや友人関係だけではなく、まずは家族という一番身近な人たちにこそ適応すべき言葉だと私は思います。

〝保証〟に甘えず、相手を思いやり、お互いを理解し合い、そして歩み寄ることにより、信頼関係が構築される関係。

これが理想です。

いつか「ごめん」と言おう

現時点で家族の誰かに対してわだかまりがあったり、関係が悪い状態の方もいると思います。

そんな方にお伝えしたいこと。

それは「焦らなくていい」ということです。

もちろん家族にあやまって、いい関係を築くことはとっても大切で素晴らしいことです。

しかし、それが今の時点でできないからと言って幸せになれないわけではありません。

ただ心の中に引っかかりがあるのなら、今の時点で、

「いつかごめんと言おう」

とだけ決めてみてください。
それだけで、あなたはもうすでに前進しているのです。

26
私を救ってくれた父の「ごめん」

もらってうれしかった「ごめん」はありますか？

あなたがこれまで生きてきて「あれはうれしかったなぁ」と思い出せる「ごめん」を言われたことはありますか？

ここで自分の過去の「ごめん」が思い出せた人にとって、そのできごとはきっとすごくいい思い出になっていると思います。

そしていい思い出になっている「ごめん」は、そこに関係した人たちとの関係までも、より良くなっているものがほとんどです。

「ごめん」がある場所には、必ず何かしらのストーリーがあります。

人はストーリーがあるものをいい思い出として事あるごとに思い出すもので

す。

つまり「ごめんなさい」は短期的にはなるべく避けたいものだと思われがちですが、長期的に見ると、人生を素晴らしいものだと思わせてくれるできごとである、ということがほとんどです。

たくさんの「ごめんなさい」と素敵なストーリーを積み重ねていきたいものです。

事業に失敗した父、営業の仕事を始めた母

この本も最後に近づいてきました。

まさか自分が「ごめん」というテーマの本を書かせていただくことになるとは夢にも思っていませんでした。

しかし、そのおかげで、私自身、「ごめん」という言葉で数多く救われてきたのだなと感じています。

そんな私が人生で最も大きな影響を受けた「ごめん」について書かせてください。

それは、父が私にくれた「ごめん」でした。

私の父は昔からアイデアマンで、話が面白くて周りを笑わせてばかりいる、例えるとビートたけしさんのような人でした。

取り乱しているところも、ムキなっているところも、誰かに（もちろん母にも）あやまっているところも見たことがない、飄々《ひょうひょう》とした人でした。

父は当時、誰もが知っている大企業勤めで、それも私の自慢でした。

そんな父が、私が小学5年生のときに、

「会社を辞めて、地元でバーをやる」

と言ってきました。

大企業というブランドがなくなってしまう寂しさはありましたが、素直にすごいと思いました。

父は退職後、すぐに自宅の最寄駅の近くにバーをオープンしたのですが、周辺が車社会ということもあり、なかなか集客できず、わずか3年で閉店してしまいました。

大企業のサラリーマンと結婚をして、マイホームも購入し、3人の子どもたちと楽しく暮らし、週末はテニスを楽しむ。そんな絵に描いたような幸せな人生を送っていた母も、父がお店を閉めてからは、営業の仕事を始め、やがて、母が我が家の経済を支えるようになりました。


その頃の父は、不安を私たちの前で出すこともなければ、開き直って逆ギレすることもありませんでした。

しかし、特にあやまることもなく、やはり飄々としていました。

私もそれでいいと思っていました。

父は事業に失敗こそしましたが、自ら望んだ人生を歩めたことを素直にすごいなと思いましたし、私の独立に大きく影響していることは間違いありません。

ただ正直、父を「失敗した人」と見下していたところもありました。

ヒロシ、ごめんな

それから時を経て、私が独立し、苦労しながらも少しずつ軌道に乗ってきた頃、父から

「ヒロシ。来週の木曜日空いているか？」

と、父と兄と私の３人で飲みに行こう、という誘いがありました。

赤ちょうちんがぶら下がっている居酒屋に集合した３人の男たちは、たいして会話をすることもなく、お酒をチビチビと呑みながら、届いたつまみをつつきながら、黙って飲んでいました。

それは私にとって、不思議とイヤな沈黙ではありませんでした。

飲み始めてから30分ほど経ったあたりで、父がボソボソと話し始めました。

「あのさ、俺、ヒロシにあやまろうと思って」

あの、人にあやまったところを見せたことのない父が、いつも飄々としていて、反省しているのか、後悔しているのか、諦めているのか、諦めていないの

かも分からない父が、私にあやまると言うのです。

あまりにも信じられない父の一言。

それだけで、思わず私は涙が溢れてしまいました。

父は続けました。

「俺が店をやったけどうまくいかなくて、お前たちにはずいぶん苦労かけたよな。すまなかったな。でもお前は自分で立派にやっていてすごいと思うよ。ほんとごめんな」

みんな未熟で、みんないい

父の言葉で、当時のことが記憶の奥底からドバッと噴き出てきました。

父と母がお店の方針でケンカをしていたこと。

クリスマスの朝、目を覚ますと、安そうなしょぼいプレゼントが置いてあってガッカリしたこと。

お店の洗い物を手伝ったとき、バイト代をケチられて腹が立ったこと。

夏祭りに出店して、父の呼び込みの声が小さくてあまり売れなかったこと。

自分の仕事がダメになってからも、毎晩工場のパートを続けてくれていたこと。


でもそれらすべては父の望みではなかったんだ。

父も人間で当時も葛藤があったんだ。

でも私たちにそんな姿を見せないように、父なりにがんばって生きていたんだ。


そう気づいたのです。

父への愛情と感謝と同時に、分かってやれなかった後悔が一気に押し寄せてきて、許容量を超えてしまったのでしょうか。

私は父の顔も兄の顔も見えないくらい泣いてしまいました。

「俺はお父さんに苦労させられたなんて思ったことは一度もないよ。お父さんが自分の道を生きてくれたから、僕も自分の道を生きようと思えたんだよ。ありがとう。そして理解できなくてごめん」


声を裏返らせながら、ひくひく言いながら、なんとか伝えました。

涙でよく見えませんでしたが、父も泣いているようでした。

そしてこの夜から、家族の関係が劇的に良くなりました。


父も母も含めて家族全員、本当に一人ひとりが1人の人間で、完璧じゃないということ。

時に失敗をしたり、弱かったり、意見が食い違ったりすることのある未熟な人間であるということ。

それらすべてをひっくるめて、世界に2人といない、唯一無二の存在で、ただただ愛おしい存在なんだと、心底感じて生きられるようになりました。

父が私にあやまってくれたおかげで、私は人生を本当に素晴らしいと感じられるようになりました。

だから私は、あやまることの素晴らしさを知っているのです。

この本は父が私にくれた「ごめん」から生まれたのです。

27

あやまった先に広がる世界

感謝するより大切なこと

「ごめん」。このテーマで執筆していて改めて感じたことがあります。

それは、いかに現実が窮屈で、厳しくて、多くの人が不安で、不満で、怖がり、自分らしくいられていないか、ということです。

そしてそれらを生み出す原因は「あやまったら負け思想」という思い込みによって作られたものだということ。

本来、人生とは自分が思っているより、ずっと素晴らしいものであるし、人は優しくて温かいものなのです。

勝ち負けなんてない。

「どっちが正解で、どっちが間違ってる」なんていらない。
仮に自分が間違っていたとしても、卑下することはない。
それは学んで成長すればいいということがわかっただけのこと。
仮に相手が間違っていたとしても、責める必要はない。
批判しなくていい。ただ丁寧に教えてあげればいい。
仕事ができない人をバカにしないでいい。
やる気がない人をダメだと思わなくていい。
同じように、できない自分、やる気が湧かない自分を責めなくていい。
誰も悪くない。誰もダメじゃない。

すべては「ごめん」から始まります。

そして本当の感謝、「ありがとう」も、実は「ごめん」なくして始まることはないのです。

「ごめん」がくれる本当の幸せ

ここから先、あなたの目の前には、感動だらけの人生が広がっていきます。

感動だらけと言っても、それは誰かが何かのサプライズをしてくれる、ということではありません。

愛する人に愛されることを約束することでもありません。

気球に乗って自由な旅をすることでも、自由な時間とお金を手にすることでもありません。

なんてことのない日常の些細なできごとに感動できる日が来るのです。

朝、目覚められた感動。

愛する家族や大切な人がいる感動。

ご飯が食べられる感動。

温かい布団で寝られる感動。

誰かにあやまることができる感動。

こういった日常に感動ができるようになったら、あなたの人生はもう一生、
幸せ確定です。

28 あなたが一番大切にすべき人は誰ですか？

誰もが見落としてしまう最もあやまるべき人

たくさんの「ごめん」についてお話をしてきました。
最後に、きっとまだあなたがあやまれていないであろう人の話をします。
もしかしたら、あなたはその人をまだ許せていないかもしれません。
しかし、その人は、あなたが最もあやまり、そして許すべき人なのです。
あなたとその人との関係を元通りにしないままでは、この本は終えられません。
もう誰か想像できますよね。そうです。

それはあなた自身です。

自分を誰よりも厳しく評価したこと。

自分を誰よりも責めたこと。

自分を甘やかしたこと。

自分と向き合うことを恐れたこと。

言い訳をして自分を妥協したこと。


その罪悪感自体こそが、あなたを責め、あなたの人生やあなたの住んでいる世界を窮屈にしている原因なのです。


自分を責め続けて生きてきたのならば、今日限りそれはやめましょう。

あなたは本当は、他の誰でもないあなた自身に、一番の味方でいてほしいと思っているはず、そしてそうであるべきなのです。それは甘えでもなんでもありません。

本当の意味で、自分に「ごめん」を伝え、自分を許し、自分が自分の味方になれたとき、はじめてあなたは誰かの味方になれるのです。

自分に「ごめん」が言えたとき、一瞬で人生が変わる

自分にあやまる。
こう言われてもなんと言えばいいのかわからないでしょう。
ですから私が伝えます。
一人の場所で、鏡を見ながらこう言ってください。

「いつもあなたに対して厳しい評価をくだして、『もっとやれ、もっとやれ！どうしてもっとできないんだ』って思っていたこと……。本当にごめん」
「いつも人と比べて、私は◯◯ちゃんより顔が大きいとか、△△ちゃんは私より目がぱっちりで可愛いとか、勝手に評価して落ち込んでたこと……。本当にごめん」

恥ずかしいかもしれません。
バカらしいと思うかもしれません。

しかし、勇気を出して自分にこうあやまってみてください。

自分に「ごめん」が言えるようになると、自分の心と体を区別できるようになります。

心の自分が、体の自分にあやまっている感じに包まれるのです。

その行為への照れが徐々に薄れていくたび、あなたは自分を大切にできるようになり、自分を労えるようになっていきます。


ぜひあなたも一度、あなた自身に「ごめん」と言ってみてください。

大切な誰かに本気であやまるときのように心を込めて。


時間がかかるかもしれません。

しかし、自分は必ず許してくれます。

そして、自分は必ず、とってもとっても喜んでくれます。

大切なのは、あなたがあなたに寄り添うこと。
あなたがあなたの絶対的味方であること。
そうすることで、自分とのパートナーシップが強固になり、自己肯定感や自己安心感の増幅につながります。

そのときあなたとあなたの周りの人たちは、きっとこれまでにない、大きく穏やかな安心感に包まれることでしょう。

最後にもう一度言います。

あなたの本当の幸せ。
あなたの大切な人たちの笑顔。
あなたの本当の自分の物語。

それはすべて「ごめん」から始まります。

おわりに

うちは1歳上の兄が大きくて強く、逆に僕は次男で小さくて弱く、幼い時からよくあやまらされていました。

家の外でも、見た目が幼く見えることもあり、ケンカも弱かったですし、臆病だったので、昔からあやまることの多い人生でした。

そんな自分がイヤでイヤで、仕方がありませんでした。

「いつか、絶対あやまらなくて済むくらい、なんでもできてカッコよくて、強くて賢い人間になりたい」

ずっとそう思って生きてきました。

しかし、44歳になった今もあやまる人生が続いています。

なんでもできてカッコよくて強くて賢い人間にはなれませんでした。

しかし、昔と変わったことが1つだけあります。

それは、

「そんな人生でよかった」と心から思えるようになれたということ。


もしかしたらあなたは、あやまることに関する本なんて読むこと自体、カッコ悪いと最初は思ったかもしれません。

しかし、もし今、ほんの少しでも、
あやまるってすごい。

あやまるってカッコいい。

あやまるって優しい。

あなたにそんな気持ちが湧き上がっていたら嬉しいです。


人は「ごめん」の数だけ強くなれる。

「ごめん」の数だけ優しくなれる。

そして、相手を思いやってあやまれる人を、神様は、そして周りの人たちは決して放っておきません。

そんな温かい「ごめん」が広まることで、お互いを思いやり、許し合い、育み合う社会になることを、切に切に願います。

この本を書くにあたり、すばる舎の上江洲安成編集長、営業部副部長の原口大輔さん、小寺裕樹編集長、編集の大原和也さんには献身的に寄り添っていただき、たくさん関わっていただきました。本当にありがとうございます。

日本ビジネス書新人賞からお世話になっておりますＴＳＵＴＡＹＡさんやbizplayさんにも伝えても伝えきれないほどの感謝があります。

また出口光先生、衛藤信之先生から教えていただいている哲学や心理学がこの本の考えの土台になっています。いつもありがとうございます。

こんな僕と、共に歩んでくれているＢＩＪＵＫＵの講師たち、そして

9700人を超える塾生の皆様や、各コミュニティの仲間たちにも「ありがとう」をお伝えさせていただきます。

特に社員の円田佳子さんと加納美香さん。この2人には本当にこの場で感謝を伝えても伝えきれません。えんちゃん、みかちゃん、今の私があるのは2人ががんばってくれているおかげです。BIJUKU、そしてこの本が生まれた一番の縁の下の力持ちはまちがいなく2人です。苦楽を共にしてくれていることに感謝です。ここからもよろしくお願いします。

そしてこの本のきっかけであり、ここに至るまで数えきれないほどご指導いただき、この本をプロデュースしてくださった私にとっての永遠の兄貴。令和ナンバーワンの大ベストセラー『人は話し方が9割』の著者である永松茂久さん。

しげにいがいなければ間違いなくこの本は生まれませんでしたし、今の自分はいません。改めましてお伝えさせてください。ありがとうございました。ここからもその背中を追い続けていきます。

そのしげにいを陰でずっと支え続けているマネージャーの池田美智子さんへ。みっちゃん、夜中まで一緒に原稿に向き合ってくれてありがとうございます。みっちゃんの繊細で丁寧なチェックのおかげでこの本が生まれました。本当にありがとう。そしてここからもよろしくお願いします。

人生で最もあやまり、また、あやまってくれた私の世界でいちばんの宝物である妻の麻衣子と息子の譲次、そして生み育ててくれた家族へ。僕の一番のごめんと感謝を込めて。

私のことを大切にしてくれて本当にいつもありがとう。

譲次、大人は楽しいよ。早く大きくなって一緒にお酒飲もうな。

そして麻衣子、あなたと結婚して本当によかった。

出会ってくれてありがとう。

最後にこの本を手に取り、出会ってくれたあなたへ心からの感謝を。

ここまで読んでくださって本当にありがとうございます。

今回、いちばん初めのページに、プロデューサーである永松茂久さんが、ご自身が本当に大切な本のときにだけ行っている「DEARBOOKSプロジェクト」をこの本にも提案してくれました。

それは「Dear」の部分に相手の名前を、そして「From」の部分にあなたの名前を入れて本をプレゼントするという企画です。

あやまりたい人がいて、なかなかそのきっかけがつくれないとき。

もしくはあなたの周りであやまれないことに困っている人に、ぜひ名前入りでこの本をプレゼント用に使っていただけると、著者としてこんなにうれしいことはありません。

今、あなたが手に入れたその感性は、間違いなくこの世界の宝物になると確信しています。

いつかリアルでお会いした時に、あなたのストーリーを聞かせていただけること、心から楽しみにしています。

感謝。

内田裕士

内田裕士（うちだ・ひろし）

1978年生まれ、茨城県つくば市出身。
女性の魅力を引き出すメイク教室「BIJUKU（美塾）」の創始者であり現塾長。個性認識学認定講師、日本メンタルヘルス協会公認カウンセラー。

外資系化粧品ブランドで15000名様接客、売上全国1位を獲得しながらも、女性たちが自分の外見を否定していることに疑問を持ち、哲学博士と心理カウンセラーに師事することで、上達すればするほどメイクの量も手数も減るだけでなく、自分の素顔が好きになっていくという従来とは真逆のメイク技術を確立し、2005年に独立。

過去に類を見ない圧倒的にシンプルな独自のメイク技法と、心理学的側面や和の精神を取り入れたドラマティックな授業内容には涙を流す生徒様も多く、「美塾に通うと人生が美しくなる」という感想が、美塾の社会的役割や女性に対する存在意義を物語っている。
18年目の現在、世界5カ国、全国33拠点、講師28名、延べ生徒数9700名と日本最大級となっており、メイク教室にとどまらず、講座や講演など多岐にわたる活動で延べ10万人以上の自己肯定感を引き上げてきた。

2021年には「本当に似合うメイク」で私の一番美しい顔へ、をコンセプトとしたコスメブランド「BIJOUM」をリズム株式会社と共同開発。発表2カ月で全国200サロンが導入、10000個を超えるアイテムが売れる大ヒットブランドとなる。

また「らしさが美しいを文化に…。」を理念に、従来のメイク教室経営に加え、新たにオンライン化も進めながら、メイクを道とする「粧道」の確立を目指し、さらに研鑽を続けている。

著書に『毎朝、自分の顔が好きになる』（フォレスト出版）、『メイクが喜びに変わる答え』（大和書房）。本書が初のビジネス書となる。

本当は「ごめん」って言いたかった

2023年7月12日　第１刷発行

著　者　内田裕士
発行者　徳留慶太郎
発行所　株式会社すばる舎
〒170-0013 東京都豊島区東池袋3-9-7 東池袋織本ビル
TEL　03-3981-8651(代表)　03-3981-0767(営業部直通)
FAX　03-3981-8638
https://www.subarusya.jp/

印　刷　株式会社シナノ

落丁・乱丁本はお取り替えいたします

ISBN 978-4-7991-1144-4